加快建设制造强国、质量强国、航天强国、交通强国、网络强国、数字中国。

摘自习近平总书记在中国共产党第二十次全国代表大会上所作的报告

献给所有

致力于数字政府建设改革事业的

开拓者

参与者

奉献者

!

To all the pioneers, participants and devotees committed to the construction and reform of Digital Government!

"塑造数字中国"丛书

江小涓 总主编 / 王满传 执行主编

# 走进数字政府

Towards the Digital Government

翟 云◎著

·北京·

国家行政学院出版社

NATIONAL ACADEMY OF GOVERNANCE PRESS

**图书在版编目（CIP）数据**

走进数字政府/翟云著．—北京：国家行政学院出版社，2022.11（2024.10 重印）
（塑造数字中国/江小涓主编）
ISBN 978-7-5150-2709-8

Ⅰ.①走…　Ⅱ.①翟…　Ⅲ.①电子政务-研究-中国
Ⅳ.①D63-39

中国版本图书馆 CIP 数据核字（2022）第 160362 号

书　　名　走进数字政府
　　　　　ZOUJIN SHUZI ZHENGFU
作　　者　翟　云　著
统筹策划　王　莹
责任编辑　王　莹　孔令慧
出版发行　国家行政学院出版社
　　　　　（北京市海淀区长春桥路 6 号　100089）
综 合 办　（010）68928887
发 行 部　（010）68928866
经　　销　新华书店
印　　刷　北京盛通印刷股份有限公司
版　　次　2022 年 11 月北京第 1 版
印　　次　2024 年 10 月北京第 4 次印刷
开　　本　170 毫米×240 毫米　16 开
印　　张　16
字　　数　202 千字
定　　价　58.00 元

# “塑造数字中国” 丛书编委会

总序 PREFACE

# 加快数字化转型 建设数字中国

当下，数字化转型正在席卷全球。习近平总书记指出，数字技术正以新理念、新业态、新模式全面融入人类经济、政治、文化、社会、生态文明建设各领域和全过程，给人类生产生活带来广泛而深刻的影响。党和国家高度重视这一轮科技革命带来的重大机遇，始终坚持以人民为中心的发展思想，引导实施网络强国、大数据发展、数字中国建设等重大战略，推动我国经济社会发展紧跟时代科技发展趋势，不断迈上新台阶。

数字中国建设是一个顶层设计、全局定位、立体构建、多元驱动的发展任务，是数字技术在国家发展和国家治理各领域的嵌入和赋能，需要政府、市场和社会各个方面的共同努力，需要理解国内外最新变化和发展趋势，需要看到各个领域数字化转型面临的困难和调整，更需要把握好数字化建设带来的机遇和数字化转型的方向和节奏，探索和创新具有中国特色的数字化转型之路。

为了从理论、实践、政策三个层面更好地阐述数字中国，我们参照“十四五”规划中关于数字中国建设的任务部署，编写了“塑造数字中国”从书，分设《走进数字经济》《走进数字社会》《走进数字政府》《走进数字生态》四册。《走进数字经济》立足“十四五”时期以及2035年重要时间节点，结合党中央、国务院关于数字经济各项要求，从“理论篇”“实践篇”和“技术篇”阐述数字经济发展的中国之道，探讨打造数字经济新蓝海，推动数字经济成为我国经济的“半壁江山”和主要增长点。《走进数字社会》重点探索数字时代背景下优化社会服务供给、创新社会治理方式的改革新思路，阐述智慧城市、数字乡村、数字生活、数字公民的发展新模式。《走进数字政府》立足以数字化改革助力政府职能转变，塑造数字政府新形态，探讨打造泛在可及、智慧便捷、公平普惠的数字化服务体系，让百姓少跑腿、数据多跑路，真正高质量满足人民对美好生活的向往。《走进数字生态》聚焦数字技术创新赋能、建立健全数据要素市场规则、营造规范有序的政策环境、强化网络安全防护、构建网络命运共同体等核心议题，突出重点，梳理思路，破解难题。

数字中国建设没有成熟的经验和模式可以模仿照搬，没有清晰的设计和蓝图可以即插即用。本丛书立足中国全域数字化改革的多样化实践，借鉴国际有益经验，全面梳理和总结经济、社会、政府数字化转型的实践创新和研究成果，展示数字中国建设各个领域的发展成就和未来前景，为我们认识中国当下正在进行的数字化转型的伟大实践提供有益的参考。希望著者们的努力能够见到成效，助力数字中国建设顺利前行。

江小涓

## 推荐序一
# 迈向数据驱动的政府

数字政府建设是习近平总书记亲自谋划、亲自指挥、亲自推动的重大战略部署，是创新政府治理理念和方式的重要举措，对于加快政府职能转变，建设法治政府、廉洁政府和服务型政府意义重大。党的十八大以来，习近平总书记多次强调要加快数字政府建设。2020 年，习近平总书记在中央财经委员会第七次会议上要求，加快数字经济、数字社会、数字政府建设，推动各领域数字化优化升级。2021 年，习近平主席在致世界互联网大会乌镇峰会的贺信中指出："激发数字经济活力，增强数字政府效能，优化数字社会环境，构建数字合作格局，筑牢数字安全屏障，让数字文明造福各国人民。" 2022 年 4 月 19 日，习近平总书记主持召开中央全面深化改革委员会第二十五次会议时强调，要全面贯彻网络强国战略，把数字技术广泛应用于政府管理服务，推动政府数字化、智能化运行，为推进国家治理体系和治理能力现代化提供有力支撑。此次会议通过的《国务院关于加强数字政府建设的指导意见》，更是标志着数字政府建设已上升为国家战略。

正确认识数字政府是建好数字政府的前提。数字政府的本质是什么？它有哪些特征，是如何发展起来的？它和我们每一个人有何关系？它会带来哪些影响？建设数字政府需要哪些条件？建设数字政府我们需要做什么？这些问题是数字政府的建设者以及各级领导干部的必答题。为领导干部提供一个可以系统性思考的通识读本、为学术研究呈现可以借鉴的基础成果，是翟云撰写《走进数字政府》的初衷。

为保证本书的知识性、准确性、可读性和指导性，翟云邀请来自中央部门、地方政府、高等院校、智库机构的专家学者一起，试图澄清和回答数字政府的来龙去脉、本质特征、时代意义、运行形态、技术逻辑、管理创新、安全发展和领导干部数字素养提升等前沿议题。

相信本书能够为从事数字政府建设和研究的广大读者呈现数字政府的基本样貌，同时，也可以为读者提供一个全新的认知架构和思考视角。

李培林

中央党校（国家行政学院）副校（院）长

## 推荐序二
# 激荡数据时代的活水源泉

今天，我们已经身处伟大的数据时代。马克思说过，“各种经济时代的区别，不在于生产什么，而在于怎样生产，用什么劳动资料生产，劳动资料更能显示一个社会生产时代的具有决定意义的特征”。回溯人类发展史，在几千年前的原始社会，人们依靠石器工具来劳动，工业革命出现的蒸汽机进一步提升了生产力，电气革命更是极大提升了人类的生产效率，信息时代电子计算机的诞生延伸了我们的脑力，拓宽了我们的眼界和思想。1980 年，著名未来学家阿尔文·托夫勒在《第三次浪潮》一书中，将大数据热情地赞颂为“第三次浪潮的华彩乐章”。在一定意义上，数据俨然成为国家基础性战略资源与重要生产要素，而技术则成为驱动社会进步的最大动能。

数据和技术从来不是孤立存在的。技术是数据的赋能利器，数据是技术的活水源泉。脱离技术的数据只能束之高阁，没有数据的技术将无用武之地。互联网络、电子计算机、通信网络、人工智能、云计算和区块链等一系列具有代表性的发明和创造的蓬勃兴起，为数字时代的政府治理创新提供了难得的历史机遇。因此，我们每一个人都要充分了解数字政府建设的时代背景，深刻把握数字政府变革的客观必然性。

事实上，面对时空境遇中的全球经济社会发展新形势和国家治理的新变化和新需求，以数字化转型提升政府治理的有效性、实施数字政府战略，已成为全面建设社会主义现代化国家的历史性、全局性、战略性任务。要从整体上深入研究数字政府，就必须对数字政府建设的理论逻辑、历史逻辑、实践逻辑三者相统一问题作出深入思考。今天，面对当今世界百年未有之大变局，面对数字政府这一新的政府形态的出现，中国学者有着不能回避的学术使命。从这个意义上讲，《走进数字政府》可谓应时之需、应势之举，让我们能够充分体会到，政府管理服务和技术创新的融合不会停止，政府治理创新一直在路上。

当然，要把数字政府理论体系和实践探索写清楚并不是容易的事情。令人欣喜的是，翟云在这方面做得非常出色。整本书讲解生动有趣，言简意赅，通俗易懂，引人入胜，仿佛是在零距离和读者对话。一方面是因为他一直活跃在数字政府理论探索的最前沿，能够准确抓住长期制约数字政府建设发展的难点痛点堵点问题，因而整本书内容非常接地气；另一方面得益于他长期参与国家有关电子政务和数字政府文件编写工作，熟悉我国数字政府发展的实际需求。因此《走进数字政府》具有较强的前沿性和科学性，紧紧牵住了数字政府建设的“牛鼻子”。

迈入《走进数字政府》的“百花园”，我们可以欣赏到更多独放异彩的真知灼见和引领数字时代浪潮的探索创新。新书即将付梓之际，翟云请我作序，我欣然应允，乐而为之，也借此衷心希望有更多的数字政府理论和实务工作者对数字政府作一些开创性、深入性研究，为我国政府治理现代化添薪助力。

戴琼海

中国工程院院士

清华大学信息科学技术学院院长

# 目录 CONTENTS

# 第一章
# 数字政府的打开方式

2022年4月19日，中央全面深化改革委员会第二十五次会议审议通过了《国务院关于加强数字政府建设的指导意见》。习近平总书记在主持会议时强调，要全面贯彻网络强国战略，把数字技术广泛应用于政府管理服务，推动政府数字化、智能化运行，为推进国家治理体系和治理能力现代化提供有力支撑。这标志着数字政府建设正式上升为国家战略。由此可见，要准确了解数字政府的提出背景，深入把握数字政府的基本理念和内涵，全面洞察数字政府的来世今生，引导领导干部主动顺应信息技术发展浪潮，帮助领导干部提升对数字技术的认知，增强领导干部运用数字技术赋能履职施政的能力和本领。

## 第一节　数字政府的背景及内涵

### 一、数字化浪潮扑面而来

#### （一）历史方位指向何处？

数字时代是信息革命的产物。习近平主席在第二届世界互联网大会开幕式上深刻指出："纵观世界文明史，人类先后经历了农业革命、工业革命、信息革命。每一次产业技术革命，都给人类生产生活带来巨大而深刻的影响。"进入21世纪，在信息革命的深刻影响下，人类社会迈入第四次工业革命。云计算、大数据、人工智能、区块链、量子计算等新兴科技驱动人类社会快速数字化转型。前三次工业革命一方面引领信息技术的快速发展，另一方面也催生政府形态的不断变革。我国在此期间始终居于"追赶”、“学习”和“跟跑”的状态，在第四次工业革命中则表现出强烈的“中国印记”和“中国声音”。我国积极参与第四次工业革命的技术变迁进程，以推动新基建①为契机，敢于啃硬骨头，坚持自立自强，在部分关键领域实现了从“跟跑”到“并跑”甚至“领跑”。

## 延伸阅读

### 四次工业革命引领人类社会发展潮流

第一次工业革命：18 世纪 60 年代到 19 世纪中期，人类进入蒸汽时代，开创了以机器代替手工工具的时代。

第二次工业革命：19 世纪下半叶到 20 世纪初期，人类进入电气时代，世界由蒸汽时代进入电气时代。

第三次工业革命：开始于 20 世纪四五十年代，人类进入科技时代，其中最具划时代意义的是电子计算机的发明和运用，开辟了信息时代。

第四次工业革命：开始于 21 世纪初，以 5G、数字化、机器人、人工智能、量子信息科学等新一轮信息技术为代表，人类社会进入了数字时代。

四次工业革命分别经历了机械化、电气化、信息化、数字化四个阶段。世界经济论坛创始人兼执行主席克劳斯·施瓦布在《第四次工业革命》一书中写道，第四次工业革命将产生极其广泛而深远的影响。第四次工业革命使享有前三次工业革命红利的国家，继续提高人类发展水平。如果第四次工业革命的技术能力能够配以适当的制度标准和规范，全球民众就

① 一般指新型基础设施建设，主要包括 5G 基站建设、特高压、城际高速铁路和城市轨道交通、新能源汽车充电桩、大数据中心、人工智能、工业互联网七大领域。

能生活得更自由、更健康，获得更高的教育水平，有更多追求理想生活的机会。

马克思认为，社会生产的变化和发展，始终是从生产力的变化和发展开始的。随着第四次工业革命的来临，数字时代不仅正在改变信息革命时代人类的经济社会发展态势和人们的生产生活方式，也在改变着国家的行政决策、行政执行、行政组织和行政监督模式，进而深刻影响着国家治理体系和治理能力的提升。推动政府数字化转型，加快建设数字政府的新发展理念是主动顺应数字时代潮流的客观要求，回应了国家行政管理在新时代按照党和国家决策部署推动经济社会发展、管理社会事务、服务人民群众的重大职责等方面发生的新变化，是符合历史潮流的科学判断。

### （二）让数据成为生产力

数据治理国家的历史可追溯到古代。在美国著名物理学家伽莫夫的《从一到无穷大》中，作者讲述了一个有趣的故事：两个匈牙利贵族决定做一个数数游戏，谁说出的数字大谁就赢。一个贵族绞尽脑汁想了好几分钟，最后说出了他所能想到的最大数字3，另一个贵族抓耳挠腮想了半天，表示弃权说“你赢啦”。由此可见，数字在远古时期就存在了。

## 延伸阅读

### 结绳记事

结绳记事，指远古时代人类记录事实、进行传播的一种手段。我国古代文献对此有所记载。《周易·系辞》云：“上古结绳而治。”《春秋左传集解》云：“古者无文字，其有约誓之事，事大大其绳，事小小其绳，结之多少，随物众寡，各执以相考，亦足以相治也。”马克思在《路易斯·亨·摩尔根〈古代社会〉一书摘要》中，描述了印第安人的结绳记事：“由紫色和白色贝珠的珠绳织成的珠带上的条条，或由各种色彩的贝珠织成的带子上的条条。”

1. 数据是信息传递的重要手段

狼烟在古代就已经成为信息传递的重要工具。“狼烟”这个词出现在唐朝中晚期，大量的诗歌和一些笔记小说都提到过。唐朝著名诗人王维诗句有云：“大漠孤烟直，长河落日圆。”此处的“孤烟”，就是燃烧狼粪后升起的烟。为何燃烧狼粪呢？据说，狼粪燃烧后生成的烟雾有两大特点：一是非常浓黑，二是直上云霄。在此之前，人们在信息传递时用到的另一个词是烽火。最广为流传的关于烽火的故事无疑就是西周末期的“烽火戏诸侯”了。西周末年，周幽王为博冷面妃子褒姒一笑，点燃了烽火台。各路诸侯长途跋涉，匆忙赶去救驾，结果发现被戏弄了。褒姒看了哈哈大笑。幽王又多次点燃烽火，但后来诸侯都不再相信他发出的信号，导致都城被犬戎攻破，史称“烽火戏诸侯”。故事中的烽火和狼烟一样，都是传递消息的重要方式。

2. 数据是国家治理的重要工具

秦始皇算得上数据治国的高手。根据《史记·秦始皇本纪》记载：“天下之事无小大皆决于上，上至以衡石量书，日夜有呈，不中呈不得休息。”此处的“衡石量书”，就是秦始皇利用数据治国的原始性创新。为了更好治国理政平天下，他在御座旁边放置了“衡”（类似今天的天平），给每天批阅的奏折称重，要求自己每日必须批阅“一石”的奏章竹简。按照古人“秤取一石”的理解，一石大约 120 斤。由此来看，秦始皇确实是一位勤政敬业的工作狂。

玄武湖“大数据中心”则是明朝朱元璋利用数据治理国家的得意之作。朱元璋首创“黄册制度”在全国范围内调查户口。黄册长什么样呢？根据《明史·食货志》记载：“册凡四：一上户部，其三则布政司、府、县各存一焉。上户部者，册面黄纸，故谓之黄册。”通过黄册制度，将人口、财产登记入册，实行“人户以籍为定”。黄册上不仅记录着每个人的生老病死，土地的每一次买卖、房屋的变更，甚至每一头耕牛的交易都记录在册。后湖黄册库共贮藏黄册 170 多万册，掌握了全国编入里甲人户每人每户的具体情况。玄武湖“大数据中心”完成了明朝以前历代封建王朝均未能完成的历史重任，在此意义上，确实是“国家之命脉，政事之根本”了。

3. 数据正在成为一种生产力

在大数据时代，数据逐渐演化成为一种生产资料。2013 年 7 月，习近平总书记视察中国科学院时指出：“大数据是工业社会的‘自由’资源，谁掌握了数据，谁就掌握了主动权。”毋庸置疑，大数据已经成为当下的新型生产力。2015 年 6 月 17 日，习近平总书记来到贵阳市大数据广场调研，听取贵州大数据产业发展规划和实际应用情况。近年来，贵州省在大数据上做文章，以发展大数据作为突破口推动经济社会发展，给总书记留下深刻印象。他对当地干部说：“我听懂了，贵州发展大数据确实有道理。”贵州举办的数博会是全球首个以大数据为主题的国家级博览会，已连续举办 8 届，成为展示最新成果、引领行业发展的国际性盛会，是交流发展思想、创造合作机遇的世界级平台，大数据全球“朋友圈”越来越大。大数据已成为贵州的一张亮丽名片。

2017 年 12 月 8 日下午，中共中央政治局就实施国家大数据战略进行第二次集体学习。习近平总书记在主持学习时发表了重要讲话，他指出，善于获取数据、分析数据、运用数据，是领导干部做好工作的基本功。各级领导干部要加强学习，懂得大数据，用好大数据，增强利用数据推进各项工作的本领，不断提高对大数据发展规律的把握能力，使大数据在各项工作中发挥更大作用。党的十九届四中全会指出，健全劳动、资本、土地、知识、技术、管理、数据等生产要素由市场评价贡献、按贡献决定报酬的机制，首次将数据明确作为生产要素。习近平主席在向2021年世界互联网大会乌镇峰会致贺信中再次指出："数字技术正以新理念、新业态、新模式全面融入人类经济、政治、文化、社会和生态文明建设各领域和全过程，给人类生产生活带来广泛而深刻的影响。"数据资源作为生产力的角色对人类社会发展的重大意义显而易见。

由此可见，正确理解大数据的重要意义，对各级领导干部而言不是"可选项"，而是已经成为提升治理能力的"必选项"。如何把数据资源的潜能充分挖掘出来，是考验干部领导能力的"试金石"。

## 二、数字时代政府运行新形态

数字政府，就是在现有政府组织架构下，遵循"体制创新 + 技术创新 + 业务创新 + 数据创新 + 管理创新"五维一体架构所形成的一种新型政府运行模式，以云计算、大数据、移动互联网、人工智能、区块链等现代信息技术为支撑，以数字化、协同化、透明化、智慧化的推进策略与实施路径为特征，以大平台共享、大数据慧治、大系统共治为顶层架构，以政府部门横纵贯通、跨部门跨层级跨系统跨地域业务高效协同、数据资源流转通畅、网上服务一张网供给、社会治理精细运转、决策支撑精准高效、基础保障安全可管可控为落脚点，发挥数字化在政府履行经济调节、市场监管、社会管理、公共服务、生态环境保护等方面职能的重要支撑作用，构建协同高效的政府数字化履职能力体系，全面推动政府治理体系和治理能力现代化。①

### （一）数字化蓝图：一体化发展

始终坚持党的全面领导。中国特色社会主义制度的最大优势是中国共产党的领导。数字政府建设首先要以坚持党的集中统一领导为统领，以强化政府主导作用为关键，以更好动员社会组织和公众共同参与为支撑。这是保证数字政府建设效能的根本政治保障。其实，数字政府顶层设计的要义就在于，全方位注重完善体制、强化部门协同、打通数据壁垒、优化业务流程、提升治理效能，既为人大、政协、法院、检察院等数字化转型提供有益借鉴，又能强化在党的领导下国家治理的整体性和协同性。不难看出，数字政府概念的提出正是对国家整体性治理的本土化回应。

与经济社会数字化转型同频共振。数字政府是数字中国的重要组成部分，也是后者建设成效的“牛鼻子”。在这个意义上，数字政府无法也不能脱离经济社会运行的大环境。一方面，经济领域数字化转型起步最早、成效最显著、辐射性最强。② 如，经济数字化转型中日臻成熟的技术中台、业务中台、数据中台逐渐成为数字政府的标配。也就是说，数字政府建设不是源于一张白纸，技术嵌入、数据赋能、业务升级及政策创新都需要数字经济生态建构的理念。另一方面，政府数字化转型中塑造的政策体系、技术体系、协同体系、法律体系等也为经济和社会数字化转型提供了即插即用的效果。新冠肺炎疫情防控期间的“健康码”就是信息化条件下

① 翟云：《数字政府替代电子政务了吗？——基于政务信息化与治理现代化的分野》，《中国行政管理》2022 年第 2 期。

② 《数字中国建设发展进程报告（2019 年）》显示，2019 年我国数字经济增加值规模已达到 35.8 万亿元，占国内生产总值比重达到 36.2%，对 GDP 增长的贡献率高达 67.7%。

政府、经济、社会等多领域以场景创新和生态建构一体化为导向的共建共享共治新模式。在这个意义上，数字政府可视为全域数字化的一个缩影。

### （二）数字化履职：协同化治理

中央全面深化改革委员会第二十五次会议指出，要以数字化改革助力政府职能转变，统筹推进各行业各领域政务应用系统集约建设、互联互通、协同联动，发挥数字化在政府履行经济调节、市场监管、社会管理、公共服务、生态环境保护等方面职能的重要支撑作用，构建协同高效的政府数字化履职能力体系。很显然，政府数字化履职能力体系，就是政府在数字时代履职施政的新形态，需从政府职能调整和机构优化的内在动力上寻求突破，转变传统的行政模式和履职方式，提升政府施政的科学化、法治化、透明化和开放化能力。

构建协同有效的政府数字化履职能力体系，需要做好四方面功课。一是要认识到数字化改革和数字化转型是基本动能。从目前来看，还有不少领导干部存在“不想转、不敢转、不会转”等困境。不想转，就是甘于现状，不思进取；不敢转，就是瞻前顾后，唯恐出错；不会转，就是本领恐慌，能力不足。二是要注重集约建设。数字政府不是另起炉灶，而是在各级政务部门已有的信息化基础上的升级版工程，是已有电子政务的 2.0 版。要注重数字政府建设一盘棋发展，杜绝传统的碎片化无序建设。要建好自己的“盆景”，更要形成一道道“风景”。三是要注重互联互通和业务协同。互联互通难、数据共享难、业务协同难，这是传统电子政务面临的“三座大山”，也是数字政府建设的“拦路虎”。数字政府建设，要立新，更要破旧。要注重强化系统观念，统筹推进技术融合、业务融合、数据融合，提升跨层级、跨地域、跨系统、跨部门、跨业务的协同管理和服务水平。四是要聚焦于政府职能。政府数字化履职能力体系，是政府履行经济调节、市场监管、社会管理、公共服务、生态环境保护等方面职能在数字化条件下在数字世界中的映射。除此之外，还要处理好政府数字化与党委部门、其他部门以及经济社会数字化转型的深度融合。

### （三）数字化服务：个性化供给

数字化服务，即中国目前政策体系中的“互联网+政务服务”，已成为“放管服”改革的“传感器”、转变政府职能的“耦合器”、提高审批服务质量的“加速器”和政府形象的“显示器”。

数字政府建设，一头连着党和政府，一头连着企业和群众，在波澜壮阔的数字化浪潮中始终把满足人民群众对美好生活的向往作为出发点和落脚点。找准小切口，下足细功夫，将使人民群众的获得感、幸福感、安全感更加充实、更有保障、更可持续。如北京、山东等地推出的“政策兑现服务”，利用大数据、人工智能实现了政策服务“千人千面”，为各类应用场景提供用户分类、个性画像、政策画像，搭建起企业和群众与服务事项、政策的桥梁，将传统的“人找服务”变为“主动推送”、“人找政策”变为“政策找人”，便民利民惠民已成为数字政府建设的主旋律。再比如，政务服务的“一网通办”“一站通办”“跨省通办”，就是运用信息技术，以企业投资生产经营、群众工作生活最直接、最迫切需要的政务服务事项为重点，破解阻碍经济高质量发展的体制机制瓶颈，打造泛在可及、智慧便捷、公平普惠、全国通办的数字化服务体系，让百姓少跑腿、数据多跑路，加快营造稳定公平透明可预期的营商环境，为建成全国统一大市场助力赋能。数字政府建设不能搞花架子，更不能眉毛胡子一把抓，而是要善于抓住关乎民生的最重要、最直接、最尖锐的现实问题。事实证明，数字政府建设要始终指向老百姓的现实关切，话要说到心坎里，劲要使到点子上。切实以政府部门的“辛苦指数”，换取企业和群众的“满意指数”，为“以人民为中心”的价值取向落地生根加速。只有这样，人民群众才能从心底点赞叫好。①

### （四）数字化配置：全域化赋能

数据要素是数字政府有序运转的“润滑剂”。作为与土地、劳动力、资本、技术等并列的生产要素，数据已成为数字化转型中的战略资源，在数字政府建设发展中将起着不可或缺的作用。

第一，数据共享开放流通。共享是指政府部门根据履职需要将数据在政府部门或公共部门间认证和交互。比如，在各地开展的政务服务“一件事”套餐改革中，办理企业登记就需要集成市场监管、税务、统计、人社、银行等不同部门的数据。数据开放则侧重将数据以某种可机读的格式提供给社会组织和企业。据统计，目前80%的数据资源掌握在各级政府部门手中。如任由其沉睡在大数据中心或机柜中，无疑会造成资源的巨大浪费。从已有进展看，数据开放前期的重点是推动平台建设，但总体来看，先前轰轰烈烈的开放运动并没有实现充分激活数据潜能的初衷。

第二，数据和技术深度融合。一方面，激活数据潜能，离不开技术嵌入。比如，以区块链为代表的新兴技术改变了传统的多层级共享模式，通过去中心化的虚拟网络提供了基于信用关系的共享范式。站在新风口的区块链扮演了重塑生产关系新动能的角色，有望对传统行政模式产生颠覆性的深远影响，即经济学家熊彼特所谓的“创造性破坏”②。另一方面，领导干部要主动顺应信息技术发展浪潮，拓宽视野，解放思想，积极

---

① 翟云：《建好数字政府 满足人民对美好生活的向往》，学习强国网站，https：//www. xuexi. cn/lgpage/detail/index. html? id = 17785068192211164924& item_ id = 17785068192211164924。

② 创造性破坏理论，是美籍奥地利经济学家约瑟夫·熊彼特提出的经济学理论，该理论认为企业家就是“经济发展的带头人”，资本主义就是这种“经济变动的一种形式或方法”，即所谓“不断地从内部革新经济结构”的“一种创造性的破坏过程”。

主动地因势而谋、应势而动、顺势而为，在数字政府建设中抓住先机，开拓新局。①

## 第二节 数字政府的前世今生

改革开放40多年来，信息化浪潮波澜壮阔，国家相关部门牢牢把握经济、社会和信息技术的发展趋势，在政府信息化建设和管理方面总体规划、科学统筹，作出了一系列制度化安排，电子政务和数字政府建设在发展环境、基础网络设施、网站建设、应用系统、数据治理、标准规范等诸多方面取得了长足进展。同时，我国政府信息化在不同发展阶段也呈现出了不同的特点。为便于读者阅读，本节将政府信息化发展分为电子政务和数字政府两个发展阶段。

### 一、电子政务发展阶段②

#### （一）第一阶段（1978—1992年）：电子政务萌芽孕育阶段

我国电子政务萌芽最早应追溯到20世纪70年代末。“六五”计划已经明确提出要在政府管理中使用计算机。当时，国家计委、财政部等中央政府部门开始建立数据中心，进行电子数据处理。为迎接世界新技术革命的挑战、加快我国社会主义现代化建设进程，1986年国务院批准建设国家经

① 翟云、程主：《论数字政府的“大问题”：理论辨析、逻辑建构和践行路向》，《党政研究》2022年第1期。

② 翟云：《改革开放40年来中国电子政务发展的理论演化与实践探索：从业务上网到服务上网》，《电子政务》2018年第12期。

济信息系统。[1] 到"七五"时期，我国建设了国家经济信息系统等 10 余个信息系统，43 个部委建立了信息中心，中央政府安装的大中型计算机已经达到 1300 多台，数据库约 170 个，微型计算机超过 3 万台。在本阶段，"电子政务"的概念还没有被正式提出来，政府信息化多以办公自动化、部门信息化为表现形式，主要特点就是办公自动化的普及应用，基本的办公自动化系统日趋成熟，微型计算机应用逐渐普及，综合采用图形、文字、图像、声音的综合通信网络得到广泛应用。

### （二）第二阶段（1993—2001 年）：电子政务起步阶段

1993 年 12 月，中国政府正式启动了国民经济信息化的起步工程——"三金工程"，即金桥工程、金关工程和金卡工程。其中，金桥工程建设政府专用基础通信网，实现不同政府部门之间的互联互通，进而直接为国家宏观经济调控和决策服务。"三金工程"的启动，标志着我国政府信息化在基础设施、业务系统、信息网络建设方面开始发力。1994 年，中国正式接入国际互联网。到 1999 年，我国网络已呈现中国科技网、中国公用计算机互联网、中国教育和科研计算机网、中国金桥网以及中国联通公用计算机互联网"五网奔腾"的局面。这些努力为从 1999 年起在全国普遍实行"政府上网"工程作了充分准备。[2] 到 2001 年，全国政府网站建设范围已经延伸到乡级政府，并开始向社会发布政府部门信息，有的还尝试提供在线服务。[3] 数字北京、数字福州等具有典型创新性的电子政务发展模式开始涌现，极大推动了公共信息基础设施建设，政府专网、业务系统建设开始铺

---

① 《国务院关于建立国家经济信息自动化管理系统若干问题的批复》，中华人民共和国中央人民政府网，http：//www. gov. cn/zhengce/content/2012 - 07/05/content_3543. htm。

② 乌家培：《我国政府信息化的过去、现在与未来》，《中国信息导报》1999 年第 9 期。

③ 中国行政管理学会政府信息化建设课题组：《中国电子政务发展研究报告》，《中国行政管理》2002 年第 3 期。

开。至此，中国政府电子政务大幕正式拉开。

### （三）第三阶段（2002—2011 年）：电子政务全面建设阶段

本阶段有四个具有划时代意义的重大事件。

一是 2002 年国家成立国务院信息化工作办公室，负责制定电子政务总体规划，协调、指导和推进电子政务建设，并负责建立科学的审议和评估机制，标志着中国政府开始注重电子政务顶层设计。

二是 2002 年 8 月，《国家信息化领导小组关于我国电子政务建设指导意见》出台。这是首次以中办、国办名义印发的电子政务全局性指导文件，第一次系统提出了我国电子政务建设的指导意见、建设目标和原则、主要任务，并规划了“两网四库十二金”作为后续一段时间重点建设的信息化工程。该文件立足高远，从战略高度谋划了电子政务发展方向，为此后很长时间内电子政务发展举旗定向，成为我国电子政务发展中里程碑式的文件。

三是 2006 年 1 月 1 日，我国中央人民政府门户网站（www. gov. cn）正式开通。中国政府网是政府面向社会的窗口，也是公众与政府互动的渠道，对于促进政务公开、推进依法行政、接受公众监督、改进行政管理、全面履行政府职能具有重要意义。

四是 2006 年，《2006—2020 年国家信息化发展战略》出台，进一步谋划了此后 15 年我国电子政务发展的整体方向、基本路径、基本框架、重点领域。

其间，中办、国办及原国信办、发改委、工信部等的电子政务主管部门围绕统筹协调、网络建设、信息共享、业务应用、安全保密、标准规范、法律法规和绩效考核等领域相继出台了多项电子政务文件。从实践看，这些文件承接性较强，对电子政务普遍关注的问题作了进一步制度性安排，不断优化了电子政务发展环境，为电子政务健康发展提供了强有力的制度保障（如表1－1所示）。

**表1－1 电子政务文件摘编**

| 文件 | 统筹协调 | 网络建设 | 信息共享 | 业务应用 | 安全保密 | 标准规范 | 法律法规 | 绩效考核 |
|---|---|---|---|---|---|---|---|---|
| 《国家信息化领导小组关于我国电子政务建设指导意见》 | ● | ● | ● | ● | ● | ● | ● | ● |
| 《中共中央办公厅、国务院办公厅关于加强信息资源开发利用工作的若干意见》 | | | ● | | | ● | ● | |
| 《国家电子政务总体框架》 | ● | ● | ● | ● | ● | ● | ● | |
| 《2006—2020年国家信息化发展战略》 | ● | ● | ● | ● | | | ● | ● |
| 《国家信息化领导小组关于推进国家电子政务网络建设的意见》 | ● | ● | | ● | ● | | | |
| 《电子文件管理暂行办法》 | ● | | | | ● | ● | | |
| 《国家发展改革委、财政部关于加快推进国家电子政务外网建设工作的通知》 | | ● | | ● | ● | ● | | |
| 《国家电子政务“十二五”规划》 | ● | ● | ● | ● | ● | ● | | |

## 二、数字政府发展阶段

### （一）酝酿发展

党的十八大以来，中国政府积极顺应世界潮流，高度重视信息化和电子政务发展，在组织领导、国家战略、顶层设计等方面均为电子政务发展提供了强有力的制度保障（如表1－2所示），电子政务全面支撑政务部门履行职责，满足公共服务、社会治理、市场监管、宏观调控和生态保护各项任务目标的需要，促进行政体制改革和服务型政府建设的作用更加凸显。电子政务整体上迈入数字政府建设高级阶段。

**表1-2 数字政府建设文件摘编**

| 文件名称 | 发布机构 | 主要内容 |
|---|---|---|
| 《“互联网+政务服务”技术体系建设指南》 | 国务院办公厅 | “互联网+政务服务”业务支撑体系、基础平台体系、关键保障技术、评价考核体系 |
| 《“十三五”国家政务信息化工程建设规划》 | 国家发展改革委 | 按照“大平台、大数据、大系统”总体框架，建设一体化政务数据平台、国家政务信息资源管理和服务体系、纵横联动业务系统等 |
| 《关于加快推进全国一体化在线政务服务平台建设的指导意见》 | 国务院 | 加快建设全国一体化在线政务服务平台，推进各地区各部门政务服务平台规范化、标准化、集约化建设和互联互通，形成全国政务服务“一张网” |
| 《中华人民共和国政府信息公开条例》（2019修订版） | 国务院 | 保障公民、法人和其他组织依法获取政府信息，提高政府工作的透明度，建设法治政府，充分发挥政府信息对人民群众生产、生活和经济社会活动的服务作用 |
| 《“十四五”国家信息化规划》 | 中央网络安全和信息化委员会 | 数字政府建设水平全面提升。基本形成与新时代党治国理政相适应的党政机关信息化建设和管理体系 |
| 《“十四五”推进国家政务信息化规划》 | 国家发展改革委 | 政务信息化建设总体迈入以数据赋能、协同治理、智慧决策、优质服务为主要特征的融慧治理新阶段，跨部门、跨地区、跨层级的技术融合、数据融合、业务融合成为政务信息化创新的主要路径，逐步形成平台化协同、在线化服务、数据化决策、智能化监管的新型数字政府治理模式 |
| 《国务院关于加强数字政府建设的指导意见》 | 国务院 | 将数字技术广泛应用于政府管理服务，推进政府治理流程优化、模式创新和履职能力提升，构建数字化、智能化的政府运行新形态，充分发挥数字政府建设对数字经济、数字社会、数字生态的引领作用，促进经济社会高质量发展，不断增强人民群众获得感、幸福感、安全感，为推进国家治理体系和治理能力现代化提供有力支撑 |

现代信息技术风起云涌，为数字政府模式创新提供了难得的历史机遇期。特别是随着大数据、云计算、人工智能、区块链等新兴信息技术的蓬勃发展，数字政府主动适应、深入融合这些技术，已经成为实现国家治理体系和治理能力现代化目标的重要条件，是深化国家行政管理体制改革和建设法治政府、服务型政府的重要举措。习近平总书记就如何发展信息化和电子政务发表了一系列重要讲话，多次对运用辩证唯物主义世界观、方法论，对新时代我国电子政务改革发展的本质进行深刻论述，提出一系列新思想、新观点、新论断。他深刻指出，没有信息化，就没有现代化。习近平总书记多次强调，要坚持以人民为中心的发展思想，加快推进电子政务，构建全流程一体化在线服务平台，打破信息壁垒、提升服务效率，让百姓少跑腿、数据多跑路，更好解决企业和群众反映强烈的办事难、办事慢、办事繁的问题。当下，现代信息技术不断优化服务流程、打通数据壁垒、深化在线服务深度和覆盖度、开展网上咨询和网上监督、推动政府数据公开，借助大数据、云计算、人工智能等创新服务模式，提供个性化智能政务服务推荐，线上线下高度融合的一体化政务服务平台不断涌现。

### （二）数字政府上升为国家战略

2019 年 10 月 31 日，党的十九届四中全会通过《中共中央关于坚持和完善中国特色社会主义制度 推进国家治理体系和治理能力现代化若干重大问题的决定》。在第五部分“坚持和完善中国特色社会主义行政体制，构建职责明确、依法行政的政府治理体系”中明确提出推进数字政府建设，加强数据有序共享，依法保护个人信息。这标志着数字政府建设正式启航。数字政府战略提出后，社会各界高度关注，数据显示，中国数字政府产业规模将从 2020 年的 5236 亿元迅速跃升至 2025 年的 9255 亿元（如图 1－1

所示)。

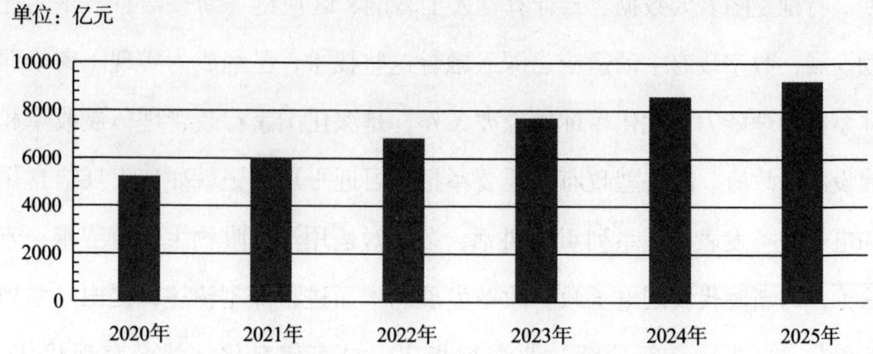


**图 1－1　2020—2025 年中国数字政府产业规模预测值**

数据来源：中国产业信息网、东吴证券研究所。

2020 年 10 月 29 日，党的十九届五中全会通过《中共中央关于制定国民经济和社会发展第十四个五年规划和二〇三五年远景目标的建议》，提出“加强数字社会、数字政府建设，提升公共服务、社会治理等数字化智能化水平”的历史任务。需要指出的是，“建设职责明确、依法行政的政府治理体系”的战略要求写进了《中华人民共和国国民经济和社会发展第十四个五年规划和 2035 年远景目标纲要》，这充分表明，坚持和完善中国特色社会主义行政体制已成为政府治理的核心议题。这种宏大的改革和发展背景无疑给数字政府建设提供了丰厚的创新土壤和无比宽阔的想象空间。

2022 年 4 月 19 日，中央全面深化改革委员会第二十五次会议对数字政府建设作出了重要部署。会议认为，加强数字政府建设是创新政府治理理念和方式的重要举措，对加快转变政府职能，建设法治政府、廉洁政府、服务型政府意义重大。党的十八大以来，党中央围绕实施网络强国战略、大数据战略等作出一系列重大部署，各方面工作取得新进展。

## 延伸阅读

**中央全面深化改革委员会第二十五次会议**

**关于数字政府建设的任务部署**

要把坚持和加强党的全面领导贯穿数字政府建设各领域各环节，坚持正确政治方向。

要把满足人民对美好生活的向往作为数字政府建设的出发点和落脚点，打造泛在可及、智慧便捷、公平普惠的数字化服务体系，让百姓少跑腿、数据多跑路。

要以数字化改革助力政府职能转变，统筹推进各行业各领域政务应用系统集约建设、互联互通、协同联动，发挥数字化在政府履行经济调节、市场监管、社会管理、公共服务、生态环境保护等方面职能的重要支撑作用，构建协同高效的政府数字化履职能力体系。

要强化系统观念，健全科学规范的数字政府建设制度体系，依法依规促进数据高效共享和有序开发利用，统筹推进技术融合、业务融合、数据融合，提升跨层级、跨地域、跨系统、跨部门、跨业务的协同管理和服务水平。

要始终绷紧数据安全这根弦，加快构建数字政府全方位安全保障体系，全面强化数字政府安全管理责任。

# 第三节　数字政府能否替代电子政务

自数字政府概念提出以来，学术界和实践界就对数字政府和电子政务的关系存在困惑。那么，数字政府和电子政务到底是什么关系？前者能直接替代后者吗？两者应如何无缝衔接？这些问题值得读者认真思考。[①]

## 一、电子政务以政务信息化为叙事主线

公共部门使用信息和通信技术可追溯到20世纪70年代大型计算机和90年代微型计算机的广泛兴起。在技术方面，在过去20年中，各国政府利用信息和通信技术整合其内部职能，改进履职效率和服务效能。学者和实践者将这些不同的信息和通信技术趋势概念化，并将其统称为电子政务。电子政务在当时主要通过互联网或者局域网在线提供便捷化和自动化的服务，以提升政府效能。为实现此目标，国家层面通常辅以政治制度和法律制度予以保障。例如，美国联邦政府1980年通过了《文书缩减法案》（Paperwork Reduction Act）、1987年通过了《计算机安全法案》（Computer Security Act）、1996年通过了《克林格-科恩法案》（Clinger-Cohen Act）鼓励联邦政府数字化转型。根据Norris和Reddick调研结果，超过90%的美国地方政府已实现重要信息在线，如市政法规、条例等。日本政府于2000年3月正式启动了"电子政务工程"，通过网络系统办理各种申请、申报、审批等手续，被视为"全面进入办公电子化、无纸化时代"。[②]

我国电子政务萌芽最早追溯到20世纪70年代末，工作网络化和办公自动化是其最初形态。1991年1月，40多家中央部委在京宣布"政务上网工程"全面实施，揭开了中国电子政务序幕。随着2002年《国家信息化领

① 翟云：《数字政府替代电子政务了吗？——基于政务信息化与治理现代化的分野》，《中国行政管理》2022年第2期。

② 中国科学院软件研究所万里红电子政务平台总体开发组：《国际上电子政务的发展情况》，《计算机系统应用》2001年第10期。

导小组关于我国电子政务建设指导意见》的印发，学界掀起了电子政务研究的小高潮，并引发了电子政务与办公自动化、政府上网的区别和联系之探讨。如汪玉凯提出，电子政务实际上就是平常我们所说的政务工作信息化；[①] 2004 年，中国行政管理学会代表团参加第 26 届国际行政科学学会代表大会时提出，电子政府强调的是应用电子技术，提高办事效率，不突出体制和机制的变化。从其影响看，电子政务有望对中国政府的行政管理模式产生影响，效益主要体现在内部办公效率上，而不是体现对外公共服务上，被视为政府提高行政能力、效率的技术和手段。这些观点集中反映了彼时国内各界对电子政务的概念认知。

## 二、数字政府以治理现代化为叙事主线

中国本土语境下，与电子政务发源于学术界不同，数字政府率先出现在政府政策话语体系中。从技术角度来看，以云计算、大数据、人工智能、物联网、量子计算为代表的新兴技术风起云涌，第四次工业革命更是对全球经济社会的组织机制和运作模式产生了空前的影响。这就意味着，数字政府与电子政务是在完全不同的土壤中诞生的。

与生俱来的赋能基因，赋予数字政府更加重大的历史使命。2016 年，浙江省委经济工作会议首次公开提出“最多跑一次”改革，旨在打破“精简—增设—再精简—再增设”的怪圈，倒逼政府推进管理模式变革，迅即在全国各地被效仿并写入中央文件。2018 年 7 月，中办、国办印发《关于深入推进审批服务便民化的指导意见》，把浙江省“最多跑一次”经验做法作为典型经验向全国全面推广。广东则是从体制机制入手，创新“政企合作”新模式、打造“整体政府”，为数字政府改革扫清体制机制障碍。

① 汪玉凯：《中国政府信息化与电子政务》，《新视野》2002 年第 2 期。

自此，数字政府明显升温。随着地方政府在体制机制、部门协同、法治保障等方面取得一些共性经验，数字政府建设上升为国家战略的呼声日益高涨。党的十九届四中全会明确要求，推进数字政府建设，加强数据有序共享。《中华人民共和国国民经济和社会发展第十四个五年规划和2035年远景目标纲要》进一步作出“提高数字政府建设水平”的重大战略部署。从“推进”到“提高”，仅有二字之差，但从字里行间可看出数字政府于国家治理的重要意义。此外，截至2022年5月，25个省（自治区、直辖市）印发了省级数字政府规划及数字化转型相关规划文件（如表1－3所示）。

**表1－3　各地区印发省级数字政府规划及数字化转型相关规划**

| 地区 | 文件名称 | 发布时间 |
| --- | --- | --- |
| 北京 | 《北京市“十四五”时期智慧城市发展行动纲要》 | 2021年3月 |
| 天津 | 《天津市加快数字化发展三年行动方案（2021—2023年）》 | 2021年8月 |
| 山西 | 《山西省数字政府建设规划（2020—2022年）》 | 2020年9月 |
| 内蒙古 | 《内蒙古自治区数字政府建设行动方案（2021—2023年）》 | 2020年10月 |
| 辽宁 | 《辽宁省“十四五”数字政府发展规划》 | 2021年10月 |
|  | 《数字辽宁发展规划（1.0版）》 | 2020年12月 |
|  | 《数字辽宁发展规划（2.0版）》 | 2021年10月 |
| 吉林 | 《吉林省数字政府建设“十四五”规划》 | 2021年7月 |
| 黑龙江 | 《“数字龙江”发展规划（2019—2025年）》 | 2019年6月 |
| 上海 | 《推进治理数字化转型实现高效能治理行动方案》 | 2022年1月 |
|  | 《上海市全面推进城市数字化转型“十四五”规划》 | 2021年10月 |
| 江苏 | 《江苏省“十四五”数字政府建设规划》 | 2021年9月 |
| 浙江 | 《浙江省数字政府建设“十四五”规划》 | 2021年6月 |
| 安徽 | 《安徽省“数字政府”建设规划（2020—2025年）》 | 2020年10月 |
| 福建 | 《2021年数字福建工作要点》 | 2021年5月 |
|  | 《福建省“十四五”数字福建专项规划》 | 2021年11月 |

续 表

| 地区 | 文件名称 | 发布时间 |
| --- | --- | --- |
| 山东 | 《山东省数字政府建设实施方案（2019—2022 年）》 | 2019 年 3 月 |
| 河南 | 《河南省数字政府建设总体规划（2020—2022 年）》 | 2020 年 12 月 |
| 湖北 | 《湖北省数字政府建设总体规划（2020—2022 年）》 | 2020 年 6 月 |
| 湖南 | 《湖南省“十四五”数字政府建设实施方案》 | 2022 年 3 月 |
| 广东 | 《广东省数字政府改革建设“十四五”规划》 | 2021 年 7 月 |
| 广西 | 《广西推进数字政府建设三年行动计划（2018—2020 年）》 | 2018 年 8 月 |
| 海南 | 《智慧海南总体方案（2020—2025 年）》 | 2020 年 8 月 |
| 四川 | 《四川省“十四五”数字政府建设规划》 | 2021 年 9 月 |
| 贵州 | 《贵州省“十四五”数字政府建设总体规划》 | 2021 年 8 月 |
| 云南 | 《“十四五”数字云南规划》 | 2022 年 4 月 |
| 陕西 | 《陕西省数字政府建设“十四五”规划》 | 2021 年 11 月 |
| 甘肃 | 《甘肃省人民政府关于加强数字政府建设的意见》 | 2021 年 9 月 |
| 宁夏 | 《宁夏回族自治区数字政府建设行动计划（2021 年—2023 年）》 | 2021 年 3 月 |

数字政府既继承了传统电子政务推动政务信息化的发展任务，又基于新的历史方位提出了更宏大的历史使命。如，各地大数据局的成立充分体现了国家行政机构改革迈进深水区，而“最多跑一次”“不见面审批”“一网通办”“一网通管”等不断涌现的服务模式更是全面彰显了数字政府全面推进治理现代化的意义。很显然，这是仅凭传统电子政务难以企及的。我国在新冠肺炎疫情防控期间的成功经验更是有力佐证。一方面传统的政府信息化设施不可或缺，另一方面又必须依赖现代治理理论的有力指导。在这样的认识下，数字政府建设对于实现国家治理现代化具有重要作用和意义，并有望接过电子政务的接力棒。

## 三、数字政府能否完成电子政务的未竟使命?

电子政务和数字政府分别以政务信息化和治理现代化作为叙事逻辑。

厘清“鸡生蛋，蛋生鸡”的问题后，我们来看一下二者的继承关系。数字政府毫无保留地继承了电子政务迈向服务型政府的整体走向。特别是党的十八大以来，电子政务和数字政府的交叉融合趋势体现得更淋漓尽致。如，《“十三五”国家政务信息化工程建设规划》就以建成满足国家治理体系和治理能力现代化要求的政务信息化体系为导向，以期达到“宏观调控科学化、政府治理精准化、公共服务便捷化、基础设施集约化”的发展目标。从目前国家层面筹划“十四五”电子政务和信息化相关政策导向看，电子政务本身的内涵在不断拓展，正沿袭“政务信息化—治理现代化”跃升线路。如，2021 年 6 月颁布的《中华人民共和国数据安全法》在第五章“政务数据安全与开放”，规定了“国家大力推进电子政务建设……”“建设、维护电子政务系统……”等相关条款。可以看出，电子政务与数字政府天生带有的治理基因是一脉相承的（尽管前者在发展前期并不明显），两者加快继承发展，势必在未来很长一段时期内会共同助力推进国家治理现代化进程。综上，国家治理现代化视角下电子政务与数字政府的分野与继承关系也就清晰了（如图 1 –2 所示）。

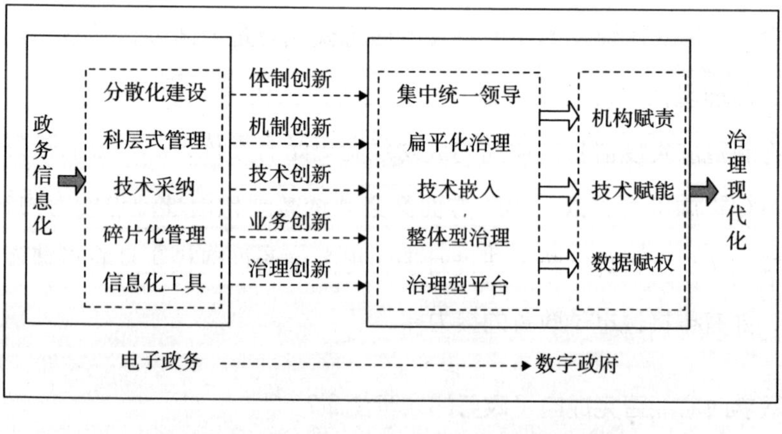


**图 1 –2　电子政务与数字政府的继承关系示意图**

国家治理现代化视角下电子政务与数字政府的分野与继承关系应充分考虑到电子政务涵盖主体的多样性。电子政务的实施主体可分为狭义和广义两个方面：从狭义范围来看，电子政务和数字政府都限于“政府”的信息化或数字化转型；从广义范围来看，电子政务可分为电子政府、电子党务、电子法院及其他相关形态，而数字政府则仅限于政府部门的数字化转型。电子政务和数字政府的继承关系则是立足于历史方位，后者既继承和拓展了前者的发展理念、技术基础和主要框架，又以治理现代化发展主线贯彻始终。

数字政府绝不仅仅是政府内部的数字化转型，而是“五大创新”带动政府自身数字化，并以此为牵引，带动经济、政治、文化、社会、生态文明建设全过程的各个方面数字化转型，进而全面加快国家治理现代化进程。在这方面，单靠传统电子政务显然是不能企及的。

## 第四节　数字政府建设的重大意义

《国务院关于加强数字政府建设的指导意见》指出，加强数字政府建设是适应新一轮科技革命和产业变革趋势、引领驱动数字经济发展和数字社会建设、营造良好数字生态、加快数字化发展的必然要求，是建设网络强国、数字中国的基础性和先导性工程，是创新政府治理理念和方式、形成数字治理新格局、推进国家治理体系和治理能力现代化的重要举措，对加快转变政府职能，建设法治政府、廉洁政府和服务型政府意义重大。

随着社会数字化进程的全面加速，数字政府建设已经成为统筹数字经济和数字社会协同发展的“主心骨”，是高质量建设“数字中国”过程中不可或缺的核心驱动力量。“十四五”时期，数字政府建设将迎来重要战略窗口期。一方面，全面建设社会主义现代化国家的宏伟目标赋予了数字政府建设更光荣的历史使命；另一方面，数字政府建设已经成为深化国家行政体制改革的重要举措，是把制度优势转化为治理效能的重要依托，是建成服务型政府、整体政府、智慧政府和法治政府的基本保障。

## 一、有利于服务型政府建设

### （一）牵住职能转变的“牛鼻子”

“放管服”是简政放权、放管结合、优化服务的简称。2016 年 5 月 9 日，国务院召开全国“放管服”改革电视电话会议，正式提出要持续推进“简政放权、放管结合、优化服务”。党的十九届四中全会则进一步指出要通过数字政府建设积极推进社会服务与社会治理的数字化转型，加快实现国家治理体系和治理能力现代化。因此，我国的数字政府建设应牢牢牵住政府职能转变这个“牛鼻子”，以简政放权、创新监管、提升服务为核心强化多部门联合监管和协同服务，始终坚持把深化“放管服”改革作为“先手棋”和“当头炮”，推动政府服务从“群众跑腿”转向“数据跑腿”。①

可以说，数字政府建设既要让数字化、协同化、智慧化成为“放管服”改革的重要凭仗，同时也要使政府部门对手中的公权力怀有敬畏之心。坚持以人民为中心，切实体会由“政府端菜”向“群众点餐”的理念转变，以服务者的角色重塑政府、市场、社会三元结构的适应性权力配置，最终

① 翟云：《政府职能转变视角下“互联网＋政务服务”优化路径探讨》，《国家行政学院学报》2017 年第 6 期。

实现政府职能的数字化转型。

### （二）让人民群众有更多获得感、幸福感、安全感

2017 年 12 月 8 日，习近平总书记在中共中央政治局第二次集体学习中提出，要让百姓少跑腿、数据多跑路，不断提升公共服务均等化、普惠化、便捷化水平。数字政府建设应遵循“人民至上”的理念，以数字化转型为契机加快政府组织调整和职能优化，强化业务协同和数据共享，彻底打破形形色色的“玻璃门”“弹簧门”“旋转门”，从根本上消除“我妈是我妈”式证明，构建“亲”“清”新型政商关系，持续优化营商环境，让人民群众在改革中不断增强获得感、幸福感、安全感。①

从实践中看，数字政府建设有力地助推了服务型政府建设。与农业社会的“统治型政府”和工业社会的“管制型政府”相比，服务型政府的根本特征在于以人为本、以公众需求为导向的服务模式。比如，群众跑腿强调的是以政府为核心的治理理念，而数据跑路则重视群众的服务感知质量，通过部门贯通、数据协同充分发挥数字政府的政务服务潜能。

从人民群众的需求出发，通过数字化手段提供优质公共服务，是中国共产党全心全意为人民服务这一根本宗旨在数字时代中的最新诠释。以此为基础，我国的数字政府建设应根据群众需求和习惯优化配置服务资源、丰富服务内容、优化服务方式，把“为老百姓做了多少好事实事”作为检验工作成效的最重要标准。此外，我们还应注意到“数字政府”这一概念正反映着数字时代中政府在公共服务领域的实践逻辑和价值取向，即以“数字思维”撬动政府职能转变新思路，以依法行政理念鞭策改革的全过程，逐渐公开各级政府部门的权力清单，优化再造政务的服务流程并提升

---

① 翟云：《“互联网＋政务”：现实挑战、思维变革及推进路径》，《行政管理改革》2016 年第 3 期。

行政审批时效，最终提升人民群众的获得感、幸福感、安全感。

## 二、有利于整体政府建设

### （一）整体政府的兴起

1997年，英国学者佩里·希克斯在《整体政府》一书中提出整体性治理理论。他主张以公民需求为治理导向，以信息技术为治理手段，以整合、协调和责任为治理机制建立整体型政府。佩里·希克斯在书中从目标和手段两个维度划分出了四种政府形态，分别是贵族式政府、渐进式政府、碎片化政府和整体型政府。其中，整体型政府是政府治理的理想形态。

### （二）数字政府的“变与不变”

数字政府建设改变了政府的组织架构和服务模式。其中的一个显著特征是，互联网开始应用于提供信息服务并逐渐发展为政府的施政平台。针对政府管理碎片化和空心化的治理瓶颈，数字政府通过建立起跨部门、跨组织、跨机构的治理结构，优化了政府行政业务流程，凸显了整体性和透明性。与此同时，数字政府还能够通过“联合”和“协同”方式，将中央政府在整体政府中的纽带作用发挥到极致，进而实现了各方“共赢”。

从某种意义上说，数字政府正是在整体政府对传统政府的服务分散性和功能碎片化进行反思与修正的基础上建设起来的。如此，方能以满足公民需求为服务理念，以开放、协调、整合为治理策略，以大数据、云计算、人工智能等新兴信息技术为治理手段，促进政府、企业、公民多元主体的融合共治，实现跨越组织边界的整体型政府运作模式。从“碎片化”到跨部门、跨业务、跨层级的联通整合，再到“信息公开—双向沟通—全程在线——一网通办”的发展演变，数字政府建设有助于从局部性共享协同转变为整体性协同治理，进而达到“善治”的目的。

## 三、有利于智慧政府建设

### （一）智慧政府是数字政府的高级形态

数字政府建设的核心价值在于以数字化、智能化的方式为社会公众提供更加精准、便捷、高效、主动的政务服务，最终提升公众满意度并促使自身成为社会信息融通者和智慧政务服务提供者。因此，数字政府的下一个发展阶段便是智慧政府。从实现路径来看，数字政府通过使用大数据、云计算、物联网等技术来智能处理数据，不仅可以让公众更好地参与政务，满足公众需求，还可以使政府的管理方式和管理行为朝着更加人性化、多样化、高效化、便捷化的方向发展，从而实现智慧政府的目标。

组织变革与流程再造是数字政府向智慧政府转变的基础保障和动力源泉。在组织变革方面，唯有通过重塑政务服务模式，打通部门壁垒和数据鸿沟，协调整合各职能部门之间的数据资源，方能加快推动数字政府乃至智慧政府的建构。流程再造则指的是在现代信息化、网络化的背景下，运用大数据、云计算、物联网、人工智能等先进技术，通过监督、检测、分析、整合、智能响应等手段，改变原有业务流程，提高政府的业务办理能力和组织运行效率。

### （二）组织变革是智慧政府的前提

首先，组织变革能够改善政府内部邀功避责、权力寻租等各种管理问题，使其提供的公共服务更加快捷、公平、透明。其次，组织变革加强了跨部门的信息共享和业务联动，有效增强政府对社会、市场的监督和管控能力。最后，组织变革能够缓解政府信息不透明等弊端，公民能够通过网络信息化途径对政府进行依法监督并影响政府的决策，进而促使政府严格依法行政，提高其决策的民主性、科学性。

### （三）流程优化是智慧政府的核心

流程优化以服务群众、便利群众为目标，根据公众的实际需求，借助互联网、大数据、云计算、区块链等信息技术手段突破政府部门内部的职责分工与层级界限，促进政府各部门之间的多向信息流动，最终提高政府的整体效能并降低其管理成本。可以说，流程优化不是对政府原有的工作模式进行简单的修补，而是将现有政府的职能、权责进行重新梳理后的整合，是对业务流程的柔性化再造，是一项系统性、综合性的工程。流程优化强化了政府运行、决策、服务、监管等能力，提高了其服务效率。

目前，我国政府组织体系总体上呈现出“条块结合、以块为主、融条于块”的权力结构特征。因此，流程优化的深层含义应是推动政府组织体系由“科层制”走向“扁平化”。具体来说，随着数字政府建设的深入推进，传统的组织管理体系将被重构，线性的、层级制的、单向的信息传输流程将被非线性的、扁平的、交互式的流程所取代。

## 四、有利于法治政府建设

### （一）法治政府的“数字”特征

党的十八届三中全会提出，坚持用制度管权、管事、管人，让人民监督权力，让权力在阳光下运行，把权力关进制度的笼子。所谓让权力在阳光下运行，就是要建立健全以制度管权、管事、管人的制度体系，构建决策科学、执行有力、监督有力的权力运行体系。让权力在阳光下运行是为了更好地让人民监督权力、让制度管住权力，这与数字政府建设所强调的数据开放与公众参与无疑是相契合的，两者都旨在促进政府的开放、透明。随着新兴信息技术的广泛应用，政府的运作模式、政府与社会的关系均发生了翻天覆地的变化。在数字时代，大数据、云计算、移动互联网等技术手段的兴起为加强数字政府建设、强化政务公开、扩大政务信息覆盖面和影响力提供了重要支撑。这使得政府能够建立网络问政平台以主动及时地回应社会关切，拓宽社会公众参与政策制定、执行和监督的渠道，最终提升自身的透明度。

### （二）数字法治政府：一个新命题

2021 年 8 月，中共中央、国务院印发《法治政府建设实施纲要（2021—2025 年）》，该纲要明确提出要健全法治政府建设科技保障体系，全面建设数字法治政府。所谓数字法治政府，其本质上是“坚持运用互联网、大数据、人工智能等技术手段促进依法行政，着力实现政府治理信息化与法治化深度融合，优化革新政府治理流程和方式”。事实上，“数字法治政府”是一个非常具有创新性的概念，它不是“数字政府”与“法治政府”的简单累加，而是技术维度与法治维度双轮驱动的有机嵌合。比如，在实际的治理情境中，对于数据共享的制度化、电子公文和电子签章的法制化等数字政府建设过程中的典型问题必须运用法治思维和法治方式进行审慎处理，同时还需要合理认识其中的“数字专制主义”风险。

# 第二章
# 数字政府的特征

政府的数字化转型是政府主动适应数字时代背景，对施政理念、方式、流程、手段和工具等进行全方位、全领域、全时空系统性重塑的过程。加强数字政府建设是创新政府治理理念和方式、形成数字治理新格局、推进国家治理体系和治理能力现代化的重要举措，也是各地方政府主体打破思维束缚、部门界限、层级限制，构建形成上下一体、横纵联动、高效协同、合力推动的政府整体改革的新范式。

## 第一节　数据赋能：数字政府的源泉

### 一、数字技术重塑政府结构

#### （一）政府组织结构趋向于扁平化

通过优化科层制政府结构，数字技术在降低政府运行成本的同时还提升了它的治理效率。科层制是现代大型组织所追求的一种理想组织体系，是社会关系严格秩序化的结果。但是，科层制根据部门职能差异进行分工的组织结构安排难以及时地对外部环境的快速变化作出反应，多层级的管理模式也造成了组织内部信息传递路线长、反馈慢等问题。在数字政府中，由于信息分布结构和传输方式的开放性，权力系统也成为了一个开放的体系。权力流向从以命令和服从为主的纵向流转向以透明和制约为主的横向流动转变，扁平化的横向权力结构取代金字塔式的纵向权力结构，极大地减少了权力传递层次，使得权力流转更为直接透明。① 在数字全媒体时代，每位公民都能通

① 叶战备、王璐、田昊：《政府职责体系建设视角中的数字政府和数据治理》，《中国行政管理》2018 年第 7 期。

过移动终端行使个人意愿表达的权利，社会内部开始高频率地互动，纵横交错的信息网络结构逐步形成。正如简·芳汀在《构建虚拟政府：信息技术与制度创新》中所言，现代社会的信息流动和传播越来越依靠网络，而不是官僚渠道或其他制度性渠道，政府的组织结构形态也日益脱离传统的官僚机构，走向组织间网络化以及网络化的组织结构系统。

### （二）政府职能优化重构

在政府组织结构被重塑的基础上，政府内部的职能空间布局被改变，组织功能界限被重构。与过去“一窗口一事办理”模式不同，数字政府聚焦公众需求而非政府职能，将公共价值渗透到为每位公民提供所需服务中，构建一体化线上线下政务服务平台。各地政府通过整合政务前端职能、设立特定机构统筹负责线上线下政务服务集成中心的建设运营，积极推动用户需求导向的政府职能转变与业务流程重塑。构建赋能共享的业务数据中台，而非条块分割的传统科层架构，借助和发挥市场机制的灵活性和有效性，构建多元共治、合作共生的生态伙伴体系，积极探索与国有企业、互联网科技公司、高校及科研院所、金融机构等主体的开放合作已成为数字政府建设运营的主要方式，职责明确、界面清晰、规则透明、机制灵活的网络化职能部门逐步形成。

## 二、从业务数据化到数据业务化

### （一）概念界定

从电子政府到数字政府的过程就是从业务数据化到数据业务化的过程。在传统的电子政务阶段，数字化主要体现在业务的数据化。所谓业务数据化，是指将业务相关环节或流程以数据的方式进行呈现或存储。由此，传统的书面纸质文本便转变为电子数据。数据业务化则是业务数据化的自然延伸。以企业为例，数据业务化是指将收集的数据用于业务或产品本身，通过对既有的数据进行二次加工并找出它的规律，最终让数据反哺业务，进而提升产品的商业价值。相比之下，政府的数据业务化更关注数据治理过程的智能化和创新化。二者的根本区别在于，前者强调业务数据的沉淀和收集，后者侧重政府挖掘数据的公共价值并利用数据技术实现治理创新。

### （二）转化过程

业务数据化和数据业务化之间的转换是一个螺旋上升的过程，即“业务运行—产生数据—助力业务”。业务数据化是数据的浅层应用，而数据业务化则是数据的深层应用。这一转化过程的内核动力在于业务数据的知识化，一方面需要不断提升数据价值密度、拓宽数据应用场景，另一方面还要深化数据价值并让数据转化为知识，赋能业务，进而驱动业务实现自我成长与自我迭代。总的来说，业务数据化与数据业务化相辅相成，业务数据化是为了更好地开展数据业务化。在释放数据价值这一进程中，业务数据化是前奏和序曲，数据业务化是主体和未来发展方向。对于政府而言，数据业务化是推动数字化转型的重要抓手，是在数字时代提升治理能力的根本保障。

## 三、数据驱动政府治理能力提升

### （一）数据战略地位的确定

数据是新时代国际竞争的“第一资源”。[①] 2015 年 8 月，国务院印发《促进大数据发展行动纲要》，该文件指出，数据已成为国家基础性战略资源，大数据则是提升政府治理能力的新途径。数据作为新的生产要素融入

① 杨东：《数据争夺是新一轮国际竞争核心》，《中国金融》2019 年第 15 期。

经济社会，逐渐创造了更多新的生产生活方式，释放了多重发展潜能，创造出更多的新业态新模式，推动经济社会的质量变革、效率变革和动力变革。可以说，数据赋能已经成为数字时代的重要共识。政府应充分运用现有数据去预测社会需求以提供公共服务，进而测量自身的绩效并不断回应变革的需求，推动业务运行一体化、数据流动一体化、服务供给一体化。

### （二）数据成为政府治理的新动能

数字技术的应用使得政府的治理方式和治理能力发生了很大的改变。一方面，大数据可以使政府的决策依据从少量样本转变为海量数据，原来根据有限个案进行经验判断的决策方式逐渐被“用数据说话，用数据决策”的更为科学全面的方式取代。大数据分析能够对各类数据进行实时的深度挖掘、关联分析和知识推理，更加精准地反映社会事件的深层次原因，进而促使政府实现基于科学决策的靶向治理。[①] 另一方面，数据赋能也成为各地推动治理体系和治理能力现代化的重要路径。各地政府正依托大数据等技术提升自身在经济调节、市场监管、社会管理、生态环境保护等方面的履职效能。此外，大数据等技术还提升了政府在公共危机事件中的预警、监控和应急处置能力。[②] 我国政府对于2003年非典疫情和2020年新冠肺炎疫情的不同应对便是一个非常明显的对比。两次公共卫生突发事件的处置都需要进行病例追踪溯源，然而新冠肺炎疫情期间所运用的大数据筛查以及大数据追踪使得病例的确定和溯源变得更加精准。

---

① 袁刚、温圣军、赵晶晶等：《政务数据资源整合共享：需求、困境与关键进路》，《电子政务》2020年第10期。

② 齐旭：《数字政府：数据多跑路 百姓少跑腿》，《中国电子报》2022年4月29日。

# 第二节　整体协同：数字政府的本质

## 一、整体政府的来龙去脉

### （一）整体政府的兴起

整体政府是20世纪90年代中后期针对新公共管理的碎片化而兴起的政府改革运动。1997年，英国时任首相布莱尔在公共服务会议上首次提出构建整体政府的施政理念。1999年，英国政府出版了《现代化白皮书》，该书提出了英国整体政府改革的十年规划，并从政策制定、公共服务供给、信息技术应用等多个方面阐述了具体的实施方案。随后，新西兰、澳大利亚和加拿大等国也开始推进整体政府改革。

实践之树催生理论创新，随着整体政府改革的盛行，有关整体政府的学术研究也日渐丰富。英国学者佩里·希克斯在《整体政府》一书中提出，政府形态可根据目标和手段的强弱，分为贵族式政府、渐进式政府、碎片化政府和整体型政府四种形态（如图2-1所示）。整体政府是以公民需求为导向，在利用现代信息技术的基础上依靠有效的信息沟通系统进行协调整合，促使多元主体相互合作、资源互补并最终提升治理效果。

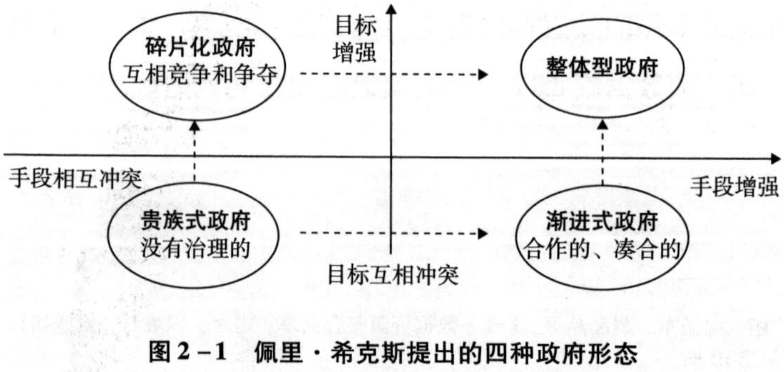


图2-1　佩里·希克斯提出的四种政府形态

### （二）中国式整体政府的探索

从我国的情况来看，随着各地的数字政府建设规划（方案）陆续出台，将信息技术融合于治理制度创新、组织结构优化和运行机制变革之中，以"整体型政府"为指导思想推动职能转变和服务效能提升，已成为数字政府建设的时代趋势。[①] 贵州、广东、浙江、北京、上海等省市在这方面尤为突出。下文以贵州省为例作简要阐述。

2021 年 8 月，贵州省大数据发展领导小组办公室印发《贵州省"十四五"数字政府建设总体规划》（数字政府发展路径如图 2－2 所示）。该规划

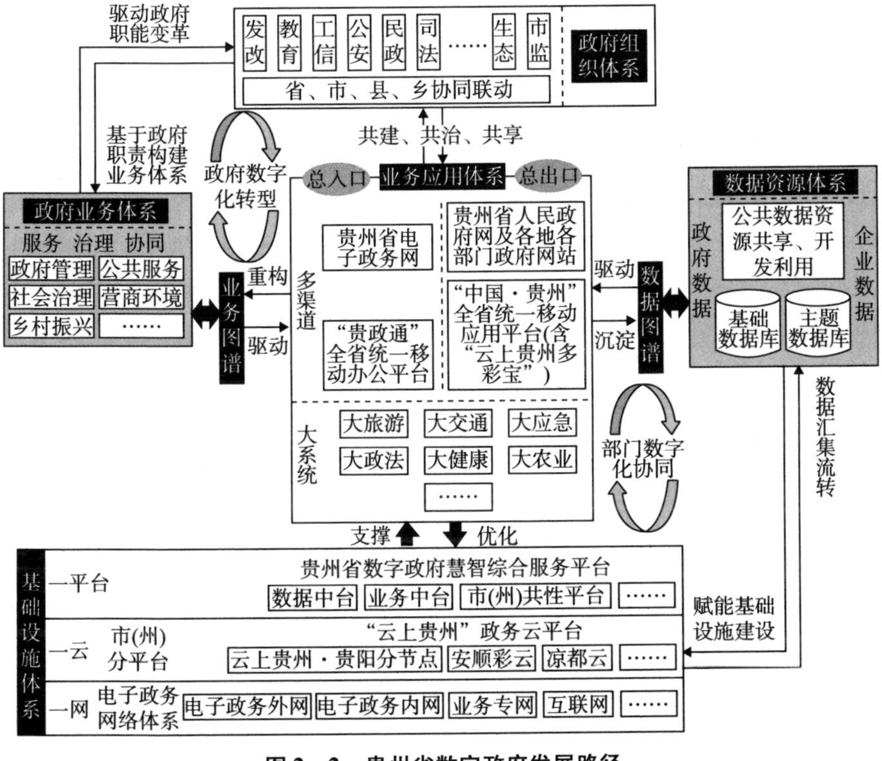


**图 2－2 贵州省数字政府发展路径**

数据来源：贵州省大数据发展管理局。

① 陈娟：《数字政府建设的内在逻辑与路径构建研究》，《国外社会科学》2021 年第 2 期。

要求，以数字化能力体系建设为基础，以政府业务数据化、数据业务化为重点，推动政府治理全方位、系统性流程再造和模式优化，实现政府决策科学化、社会治理智能化、营商环境便利化、公共服务高效化，加快建成“一体协同，数智赋治，以人为贵”的现代化数字政府，助推经济社会高质量发展，为全国输送符合西部地区经济社会和数字政府发展的数字治理“贵州模式”。

## 二、从“一网通办”看整体型治理

### （一）“一网通办”的政策演化

为深入推进“互联网＋政务服务”及线上线下一体化建设，国务院在2018年发布了《国务院办公厅关于印发进一步深化“互联网＋政务服务”推进政务服务“一网、一门、一次”改革实施方案的通知》和《国务院关于加快推进全国一体化在线政务服务平台建设的指导意见》。2018年4月12日上海市成立大数据中心，负责开发运营“一网通办”以及全市公共数据的统一集中管理。随即出台的《全面推进“一网通办”加快建设智慧政府工作方案》，分别提出了“2018年建成上海政务‘一网通办’总门户”和“2020年形成整体协同、高效运行、精准服务、科学管理的智慧政府基本框架”的任务部署。2018年7月，国务院印发《关于加快推进全国一体化在线政务服务平台建设的指导意见》，明确要求实现从“线下跑”向“网上办”转变、从“分头办”向“协同办”转变，全面推进“一网通办”等任务目标。2022年6月，国务院印发《国务院关于加强数字政府建设的指导意见》，要求“充分发挥全国一体化政务服务平台‘一网通办’枢纽作用”，“推动涉企审批‘一网通办’”。

### （二）“一网通办”改变了什么？

“一网通办”是我国在新的历史时期探索推进“互联网＋政务服务”

的一项重大改革，它突破了科层体系下政务流程的时空局限，使得政务信息的共享运用成为可能。与此同时，它也是建设服务型政府的重大举措和构筑数字政府的关键切入点，其具体表现便是政府服务模式从“事项服务”转为“场景服务”（如图2-3所示）。

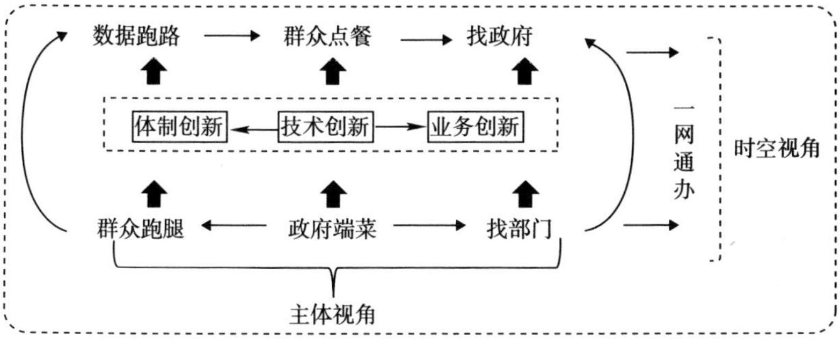


**图2-3 “一网通办”重塑政府服务模式**

“一网通办”注重对公民需求的整体性回应并将其视为政府治理的核心。在治理理念上，“一网通办”的宗旨是更好地为人民服务。其中的“网”作为工具性的网络设施并不是数字政府建设的重点，而政务服务“通办”、“好办”、多渠道、无障碍等便民标准才是当下改革的试金石。通过线上线下政务服务的整合，“一网通办”解决了原先政府治理过程中的碎片化问题，传统政府开始向整体政府迈进。

## 延伸阅读

### “一网通办”带来了什么？

“一网通办”发源于上海市，近年来在全国各地持续推进。北京市整合了企业、户籍、职业技能、教育等数据，为雄安新区企业开办、积分落户、智慧房管提供跨区域数据共享。在长三角地区，户口迁移实现迁入地“一站式”办理，群众只需在迁入地派出所申请就能办，10 多万人已经享受到这项改革带来的便利。

在重庆市，健康、社保、医保、电子证照等个人信息集成进了“渝快码”；在江苏省，“一件事”改革让出生、就业、企业开办注销等事项办理时“只填一张表”，审批“不见面”；在贵州省，为了让偏远地区、出行不便的群众办事方便，大力推进“全省通办、一次办成”，节约群众跑腿次数 3000 多万次；在海南省，“高龄长寿老人补贴”申领逐步实现“零跑动”。各地区通过在线政务服务打造利企便民的“新名片”，擦亮了“粤省事”“苏服办”“海易办”等一批政务服务品牌。

**资料来源** 郝菁：《“一网通办”助力数字政府建设新阶段》，《经济参考报》2022 年 6 月 1 日。

## 三、从“一网通办”到“跨省通办”

### （一）“跨省通办”的改革初衷

“跨省通办”是“一网通办”的延伸与拓展，也是目前各地数字政府建设的重点之一。近年来，随着我国跨省流动人口越来越多，与群众工作生活密切相关的跨省办事需求也日益增多，政务服务“跨省通办”成为民生新需求。2020 年 9 月，国务院办公厅印发《关于加快推进政务服务“跨省通办”的指导意见》（以下简称《意见》），围绕教育、就业、社保、医疗、养老、居住、婚育、出行等与群众生活密切相关的异地办事需求，明确了 140 项“跨省通办”高频政务服务事项。《意见》指出，除法律法规规定必须到现场办理的事项外，应按照“应上尽上”的原则将其余相关事项的申请受理、审查决定、颁证送达等所有环节纳入全国一体化政务服务平台当中，由业务属地为申请人远程办理。2022 年，国务院工作报告提出要加强数字政府建设，推动政务数据共享，进一步压减各类证明，扩大“跨省通办”范围，基本实现电子证照互通互认，加快解决群众关切事项的异地办理问题。

### （二）“手拉手”“结对子”提升“跨省通办”效能

目前，全国一体化政务服务平台初步建成，地方间的数据共享加速推进，更多种类的政务服务实现了跨省通办、跨域通办。群众如今无须“跨省”甚至无须出门就能办事，这极大地提高了群众的服务感知质量以及政府本身的服务效率。从具体案例来看，各地结合自身实际在让老百姓少跑腿这件事上下功夫“琢磨”，相关探索为国家跨省通办服务标准的顶层设计积累了经验。京津冀地区推进政务服务事项的“同事同标”，长三角地区 41 个地级市打造政务服务线上线下“一张网”，泛珠三角区域推动常用电子证照互认共享……以上种种均是各地探索跨域政务服务的先行典范。①

## 延伸阅读

**全国一体化政务服务平台初建成**

**——“跨省通办”异地办事不再难**

国家政务服务平台自 2019 年 5 月 31 日上线运行以来，提供“一站式”全流程线上“办事大厅”，各地区各部门的政务服务事项不断向这里汇集。2020 年 12 月，国家政务服务平台“跨省通办”服务专区上线。在各地区各部门共同推进下，专区正陆续接入与群众生活、企业发展密切相关的高频服务事项，支撑全程网办、异地代收代办、多地联办等办

① 罗野：《安顺市“跨省通办”朋友圈再升级 构建区域一体化新格局》，《安顺日报》2021 年 7 月 23 日。

理模式，让群众、企业办事减少“多地跑”“折返跑”。为方便用户选择，专区对所有事项按照个人办事和法人办事进行分类，并分别根据不同主题、生命周期、办事部门等进行相关政务服务事项的整合，便于群众、企业一键直达。目前，专区已接入个人办事事项151个、法人办事事项170个。

更多区域性的“跨省通办”服务正在陆续接入专区，现已接入京津冀、长三角、泛珠三角区域、川渝、西南五省、东北三省一区等区域政务服务专区，设置省际跨省通办专区、地方跨省通办专区等服务，方便经常需要在这些区域间跨省办事的群众“一站式”访问。

**资料来源** 乔彩、周亮、蒋友青：《“跨省通办”，异地办事不再难》，《人民日报》（海外版）2022年4月25日。

## 第三节　服务导向：数字政府的宗旨

### 一、将以人民为中心的服务理念贯彻始终

#### （一）初心不忘为人民

数字政府所遵循的核心宗旨是“以人民为中心”。从数字政府发展水平较高的国家的治理经验来看，其核心要素都是“为人民服务”，即从“客户视角”着手完成数字政府的规划、建设及改善，积极提供“一站式服务”“端对端服务”和一次性信息搜索等便民服务。例如，在2017年，英国为保持本国在数字政府领域中的领先地位，出台了《政府转型的战略（2017—2020）》（Government Transformation Strategy 2017 to 2020）。此

项战略明确提出政府数字化转型的目的在于改善用户体验和提升工作效率，该宗旨从根本上明确了英国民众接受到优质且可靠的在线服务的权利。

### （二）“以人民为中心”理念贯全篇

我国数字政府建设亦高度重视“以人民为中心”的宗旨。2022 年 4 月，中央全面深化改革委员会第二十五次会议审议通过的《国务院关于加强数字政府建设的指导意见》，回答了数字政府为谁而建、为何而建和如何建设等问题，指出“始终把满足人民对美好生活的向往作为数字政府建设的出发点和落脚点”。这意味着数字政府建设应遵循“以人民为中心”的基本准则，通过数字化手段提供优质的公共服务以满足人民群众的需求。“以人民为中心”意味着数字政府不再是简单地提供信息、服务或相关平台，而是更加注重运用双向互动的治理方式提供一种更加精细化的服务。具体而言，应当运用信息技术手段健全完善社情民意的反馈渠道，让更多群众参与到政策制定、实践监督以及评估反馈的过程当中，将人民群众的满意度和获得感作为评价服务成效的最终标准。此外，还要让公众自主选择与政府互动的方式以满足不同群体的公共服务需求。总体而言，数字政府实现了政府与公众之间的“双向触达性”和“即时互动性”，进而促使自身转向真正的“以人民为中心”。

## 二、构建人民满意的数字化履职体系

《国务院关于加强数字政府建设的指导意见》指出，要打造泛在可及、智慧便捷、公平普惠的数字化服务体系，让百姓少跑腿、数据多跑路。要以数字化改革助力政府职能转变，统筹推进各行业各领域政务应用系统集约建设、互联互通、协同联动，发挥数字化在政府履行经济调节、市场监管、社会管理、公共服务、生态环境保护等方面职能的重要支撑作用，构建协同高效的政府数字化履职能力体系。

### （一）提升人民满意度

数字政府应当通过构建协同高效的数字化履职体系以提高公众的满意度。确切地来说，数字政府要在准确把握用户个性化需求的基础上提升用户的参与感。在数字政府的公共服务供给过程中，应坚持目标导向、问题导向，主动顺应公众在公共服务“需求端”的新变化，深化公共服务的供给侧结构性改革，运用大数据技术改善民生，推动大数据技术在教育、就业、社保、医疗卫生、住房、交通等领域的普及应用，加强各类便民应用的开发，促进基本公共服务的均等化、普惠化和便捷化。推动政府公共服务由原来自上而下的“供给决定需求”模式转变为自下而上的“需求引导供给”模式。做到让人民群众按需“点菜”，以精准服务解决公众的实际困难。

### （二）让人民群众拥有最大话语权

为加快人民满意的数字化履职体系的落地，各地建立了聚焦人民满意度的“好差评”制度。政务服务好不好，应该由企业和群众说了算。政务服务“好差评”就是以公共参与为导向的改革，即通过网站、App、电话热线等多种渠道获取企业、群众关于政务服务的评价。该制度有助于及时发现政务服务的堵点、难点，协助各地区各部门及时改进服务质量，让政务服务真正落实“以群众需求为出发点，以人民满意为落脚点”。当然，数字化履职体系建设也需要关注到无障碍服务。各地政府要以优化无障碍环境建设为契机，强化数字服务的可及化和适老化，提升数字政务的普适性与公共性。

## 三、百姓少跑腿，数据多跑路

### （一）打破“玻璃门”“旋转门”“弹簧门”

服务导向的政务服务应当“让百姓少跑腿、数据多跑路”，切实提高人民群众的获得感、幸福感、安全感。2016 年，我国《政府工作报告》首次提出“互联网 + 政务服务”的理念，指出要“实现部门间数据共享，让居民和企业少跑腿、好办事、不添堵”。随着大数据、云计算、人工智能等新一代数字技术融入到数字政府建设当中，我国政务服务日趋智能化，源头治理更加精准，政策效能持续增加。

2022 年 3 月，国务院发布的《关于加快推进政务服务标准化规范化便利化的指导意见》（以下简称《意见》）则进一步提出要深入贯彻党中央、国务院关于优化政务服务的决策部署，不断提升政务服务标准化、规范化、便利化水平。同时，应聚焦企业和群众反映强烈的办事堵点难点问题，完善落实有关标准和政策措施，着力破解掣肘问题和体制机制障碍，提供更加优质高效的政务服务。例如，在推进政务服务便利化方面，《意见》提出要推进政务服务事项集成化办理。具体来说，要从便利企业和群众办事角度出发，围绕企业、个人的全生命周期推动关联性强、办事需求量大、企业和群众获得感强的多个跨部门、跨层级政务服务事项实现集成化办理，同时还提供主题式服务、套餐式服务等多元化服务形式。此外，推进政务服务集成化办理还须按照“一次告知、一表申请、一套材料、一窗（端）受理、一网办理”的要求优化业务流程，对接整合相关系统并进行数据共享，最终实现减少办事环节、精简申请材料、压缩办理时限等目标。

### （二）让百姓和企业少跑腿、好办事、不添堵

经过近几年的改革，各地政务服务的便民化水平显著提升。浙江省政

府率先提出打造“移动办事之省”。“浙里办”作为面向群众企业服务的总入口，紧紧围绕人民群众所需所盼，汇聚3638项全省统一的政务服务事项、“健康码”等1500项便民惠企服务、“企业开办”等40多件部门联办“一件事”，从新冠肺炎疫情防控到日常生活，从民生小事到家企大事，实现网上一站办、大厅就近办、基层帮你办、全省统一办。北京市运用区块链技术支撑了300余个政务服务领域应用场景落地，促进了57个部门中2.8万类数据项的327亿条数据的共享，大幅提升了政务服务便利性。上海市创建的“健康云”作为本地居民医疗健康的线上统一服务入口进一步完善了政府的数字化健康管理体系，线上线下服务得以资源联动。总的来说，数据每多一次在“云”上的调用流动就意味着让群众办事少跑一次腿，各地政府应在现有探索的基础上因地制宜地利用相关技术进一步提升服务水平。

## 第四节　开放共享：数字政府的根基

### 一、从信息公开到数据开放

#### （一）政府信息公开的兴起

政府信息公开对应的是早期的互联网通信环境。国务院于2007年颁布并于2019年修订了《中华人民共和国政府信息公开条例》，该条例提出各级人民政府及县级以上人民政府部门应当建立健全本行政机关的政府信息公开工作制度，同时还要指定政府信息公开工作机构负责本行政机关政府信息公开的日常工作。政府信息公开工作机构的具体职能包括：办理本行政机关的政府信息公开事宜；维护和更新本行政机关公开的政府信息；组织编制本行政机关的政府信息公开指南、政府信息公开目录和政府信息公开工作年度报告等。

而在大数据时代，数据量的爆炸式增长使得大数据的采集、储存和分析等技术向人类社会展示了数据资源中蕴藏的无限潜能。如今，公众对于公共数据的需求程度与分析能力均大幅提升，要求政府进行数据开放的呼声亦越发高涨。数据开放已经逐渐成为世界各国建设数字政府的基本原则。2018 年，美国国会通过《开放政府数据法案》（OPEN Government Data Act），该法案要求政府除涉密数据外的其余数据应遵循默认开放的原则，在开放许可的条件下以开放格式提供。2020 年中共中央办公厅、国务院办公厅印发的《关于全面推进政务公开工作的意见》也明确提出："加快建设国家政府数据统一开放平台，制定开放目录和数据采集标准，稳步推进政府数据共享开放。"

### （二）数据开放和信息公开是一回事吗？

政府数据开放与政府信息公开并不相同。首先，信息公开侧重提供"公开政府如何运作的信息"。如《中华人民共和国政府信息公开条例》要求行政机关主动公开法规政策、政府职能、发展规划、行政管理、公共服务、财政预决和政府采购等方面的信息。这些信息主要与民主监督相关，公开这些信息能够让公民知悉并监督行政机关的权力运作过程，因此也能够强化行政机关的责任意识。其次，政府信息公开的主要目的在于保障公众的知情权，其本质是政府主导的自我改革和自我完善。在这一过程中，社会依旧处于被动接受政府传输信息的状态，因此对政府的反作用力较弱。这一点在《中华人民共和国政府信息公开条例》的第十九条得以印证，它规定了政府信息主动公开的标准，即唯有涉及公众利益调整、需要公众广泛知晓或者需要公众参与决策的事项才需要主动公开。[①] 相比之下，政府数据开放所关注的重点则在于相关数据是否具有开放价值及作为决策论证、服务提供和经济增长的资产的工具价值。政府数据开放开创了政府服务的“共同生产”甚至“共同创造”的新形式，其制度功能在于实现公众赋能并推动责任政府建设，进而创造更多的经济价值和社会价值，提升政府的治理水平。

## 二、注重政务数据的融合与共享

### （一）数据共享是数字政府的根基

建设集约、平台互通、治理协同的数字政府的核心在于数据共享。所谓政务数据共享，即政府部门根据履职需要将数据进行跨部门乃至跨组织的交互认证。在数字化环境中，数据来源的多元化打破了时空界限，将各管理部门、各领域公民的信息资源有机融合。

按照国务院决策部署，根据《政务信息系统整合共享实施方案的通知》的任务分工，国家电子政务外网管理中心承担全国政务信息系统整合共享技术支撑工作，依托统一的国家电子政务外网（简称政务外网）构建形成集约创新的电子政务综合服务平台，推进“网络通、数据通、业务通”取得阶段性成效，形成了整合大平台、承载大系统、开发大数据的格局，以数据集中和共享为途径，有力推动了技术融合、业务融合、数据融合，促进了跨层级、跨地域、跨系统、跨部门、跨业务的协同管理和服务，为实施国家大数据战略、全面打通“放管服”经脉、构建数字政府奠定了坚实基础。

---

① 宋烁：《政府数据开放是升级版的政府信息公开吗？——基于制度框架的比较》，《环球法律评论》2021 年第 5 期。

## 延伸阅读

### 政务信息系统整合共享工作取得重大突破

网络通。政务外网已经建设成为我国网络覆盖面最广、连接政务部门最多、承载业务类型最丰富的全国性政务公用网络。接入中央政务部门总数已达 148 家；省、地市、区县网络覆盖率分别达到 100%、100% 和 96%；接入各级政务部门 24.4 万家，接入终端数超过 280 万台，基本上实现了横向到边、纵向到底。

数据通。国家数据共享交换平台已实现 71 个部门和 31 个省（区、市）及新疆生产建设兵团的前置接入，数据交换总量达到 296 亿条次；建成全国政务信息共享网站，发布共享目录 30.5 万个，通过接口方式实现了人口、法人、空间地理等基础数据，以及投资审批、信用信息、公共资源交易、婚姻、学位学历等重点领域数据的共享接入。

业务通。在存量业务贯通方面，摸清了 71 个部门 4868 个信息系统的“家底”，消除了 2800 个“信息孤岛”，依托统一政务外网和数据共享交换平台，打通了 42 个垂直信息系统、694 个数据项；面向全国各级政务部门发布了 118 个数据服务接口，疏通了 20 个领域“放管服”改革堵点问题。据不完全统计，各级政务外网承载的地方政务部门业务应用总数超过 10000 多项，涵盖行政审批、价格管理、信息公开、协同办公、电子监察、信息上报、应急指挥、视频会议、数据备份等众多业务领域。

### （二）“奇葩证明”不再成“烫手山芋”

随着国家层面对数字政府的布局推进，跨层级、跨地域、跨系统、跨部门的数据共享体系与治理平台逐渐被建立起来。这一举措有效地打破了部门之间的信息壁垒与数据孤岛状态，进而促使政府治理体系内部的部门协同和决策反馈水平大幅度提升。以浙江省为例，截至 2022 年 6 月底，浙江省公共数据归集总量已突破 1074 亿条，共享调用总量达到 857.1 亿次。可以说，浙江省数字化平台的迭代升级以及“掌上办公之省”和“掌上办事之省”等目标的加速落地将进一步增强政府内部的整体性功能集成。除此之外，还有一些举措也值得我们借鉴。如，有的国家建立了以数据治理为核心的首席数据官制度，该制度通过制定数据发展战略以及对数据进行整合分析以提升数据治理在政府决策、执行与公共服务中的地位。[1]

## 延伸阅读

### 让“奇葩证明”成为历史

在 2018 年 9 月 12 日的国务院常务会议上，李克强总理以媒体报道的“奇葩证明”举例，要求进一步清理各类证明事项，加大力度消除群众办事烦忧。“汽车被飓风刮倒的大树砸坏，需要找气象部门开具‘风力气象证明’；去银行兑换破损钞票，需要找第三方开具‘非被人为故意破坏’的证明。”李克强说，“群众要办点事，不知跑多少腿、磨多少嘴，咱们能不能出台点硬措施，从制度上整治这些‘奇葩证明’？”

中国公民的“证明难”源于政府体制中的条块分割以及不合理的行政审批制度。各审批部门因为信息不共享，将取证的责任转嫁给群众。在如今的数字时代中，政务数据共享步伐不断加快，各地逐渐取消各类“奇葩

---

① 蒋敏娟：《迈向数据驱动的政府：大数据时代的首席数据官——内涵、价值与推进策略》，《行政管理改革》2022 年第 5 期。

证明”。据统计，截至 2019 年底，各地区各部门已取消各类证明 13000 多种。

## 第五节　透明法治：数字政府的保障

### 一、以制度约束权力，建设公开透明的政府

#### （一）为何要把权力关进制度的笼子里

1. 权力的天生缺陷

权力具有天然的扩张性，这种扩张直到遇到边界才会休止。倘若不予以规范便容易出现“寻租”现象，因而需要把它关进制度的笼子里。推行权力清单制度，是规范权力运行、打造制度“笼子”的客观需要。权力在运行中一旦偏离，就会出现权力滥用、权力寻租、权力腐败等现象，最终导致政府难以履行职能、行政效率低下等问题。权力清单制度则体现了一种新型的规范关系，为我国公共行政向法治化、透明化发展提供了新进路。①

2. 权力清单让企业吃了“定心丸”

党的十八届三中全会指出：“推行地方各级政府及其工作部门权力清单制度，依法公开权力运行流程。”所谓“权力清单”是指政府手中有什么权力，能审批什么类型的项目，办事该什么时候办结，都应该在一张清单上说清楚、说明白，并对外开放，接受社会监督。2014 年，浙江省率先在

---

① 李响：《权力清单的定性研究：兼谈行政法法概念的回应型变迁》，《西南大学学报》（社会科学版）2021 年第 4 期。

国内推进以“四张清单一张网”为主要抓手的简政放权改革，转变政府职能。2015 年，中共中央办公厅、国务院办公厅印发的《关于推进地方各级政府工作部门权力清单制度的指导意见》明确了权力清单的目标，即“将地方各级政府工作部门行使的各项行政职权及其依据、行使主体、运行流程、对应的责任等，以清单形式明确列示出来，向社会公布，接受社会监督”。权力清单制度的落实让简政放权这扇“虚掩的门”真正被推开，增强了人民群众的获得感。

### （二）让权力在阳光下运行

把权力关进制度的笼子里只是第一步，在此基础上还要让人民监督权力，让权力在阳光下运行。阳光具有除菌、消毒的功能，它能增强人体免疫力，让万物充满勃勃生机，是最好的防腐剂。让权力在阳光下运行，意味着权力公开、透明、公正、合理地行使，防止权力行使者滋长贪欲、越轨行权、腐败变质。政府在数字化时代的运行离不开公开透明的环境，只有将权力放到阳光下，规范政府权力运行，公开政府权力行使的依据、流程和时限，才能避免因为信息不对称造成的权力异化，监督才有前提、保障。反之，如果公共权力黑箱运行，就会造成信息的不透明和不对称，极大影响社会大众知情权和参与权的行使与实现。数字政府全面推行政务公开，决策、执行、管理、服务等全过程都通过网络让全社会知道，让权力在阳光下运行。

## 延伸阅读

### 《北京市基层政务公开全流程规范》

2020 年，北京发布《北京市政务公开领导小组办公室关于北京市全面推进基层政务公开标准化规范化工作的实施意见》后，又公开发布了《北京市基层政务公开全流程规范》，借此对申请公开、政策解读、回应关切、公众参与、平台建设等政务公开各环节各程序提出了明确要求。

该规范通过制度化手段将政务公开标准嵌入基层行政权力运行全过程，同时还将政务公开作为基层政府日常运转的必要环节以促进基层政府行为的规范透明。

在政务公开清单动态管理方面，该规范明确了动态调整时一般遵循“只增不减”原则，行政机关应及时根据职责调整情况，对政务公开事项清单内容进行修订完善，并报本级政务公开主管部门审核确认。

在依据申请公开办理方面，该规范设置受理、办理、答复、送达、归档等5个工作环节，明确了受理的审查、登记的时间起算，办理的甄别、核实及确定标准，答复的期限、类型，信息提供形式，送达的方式和渠道，归档的证据留存等15个操作步骤，同时还在重要工作环节增设注意事项并注明相关法律规定。

该规范为每项制度配套制作了28幅操作流程图。既能量化政务公开程序标准，又贴近基层工作实际。基层政府可直接参照使用，不需再细化完善，避免增加基层负担。

**资料来源** 沙雪良：《北京发布基层政务公开全流程规范，公开清单“只增不减”》，《新京报》2020年4月24日。

## 二、拉起数字政府建设“安全绳”

### （一）安全是数字政府建设的生命线

数字政府安全涉及数据安全、系统安全、公共安全、国家安全等，比如政务基础设施安全、政务信息系统安全、网络信息和平台安全，还有自主产品安全、数据传输与应用安全、系统运维和防护安全、数据跨境安全等全要素建设。[①] 伴随着新兴技术的蓬勃发展，需要以国家总体安全观为基本遵循，全力打造安全智慧工程，建立完善符合国家总体安全要求的数字政府安全保障体系，建立完善涉及基础设施、网络、系统、数据、平台等全要素、多层次的自主安全体系。要更加关注和破解隐私保护、数据伦理、跨境数据安全等问题，营造自主可控、安全可靠、规范有序的数字政府生态。

### （二）法律法规保障数字政府行稳致远

随着数字政府顺利推进，符合国家要求的数据安全保障体系正在进一步完善。我国先后出台了《中华人民共和国网络安全法》（以下简称《网络安全法》）、《中华人民共和国数据安全法》（以下简称《数据安全法》）、《中华人民共和国个人信息保护法》（以下简称《个人信息保护法》）等相关法律。多个省份在加速数字政府建设的同时也强调了数字安全的重要性，其典型案例如：《江苏省数字政府建设 2022 年工作要点》指出，要落实数据分类分级管理制度，探索制定重要数据和核心数据目录；《广东省数字政府改革建设 2022 年工作要点》强调加强政府网络安全保障和政务网络安全管控，强化省市政务云一体化安全运营能力；《湖南省 2022 年政务管理服务工作要点》提到要建立健全内容、平台和数据安全防护体系，加强日常监测预警。这些法律和法规的出台对于保障数字时代的信息安全与社会发展具有重要意义，是数字政府建设的“安全绳”。

---

① 王钦敏：《全面建设数字政府 统筹推进数字化发展》，《行政管理改革》2022 年第 1 期。

第三章

# 夯实数字政府基座

在近现代史上，政府的组织形态变化和科学技术的发展演进之间总是有一种莫名的协同性。特别是第二次工业革命之后，政府普遍采用一种以专业化、等级化、规则化、非人格化和技术化为特征的“理性的科层官僚制”进行组织设计或管理，这一变革推动着政府组织管理能力不断提升。在随后的互联网时代中，技术力量的驱动作用更加凸显，政府原有的科层制组织结构受到挑战，日渐呈现出扁平化、透明化和去中心化的倾向。如今，随着第四次工业革命的到来，大数据、区块链和人工智能等新兴技术为政府组织形态革新提供了难得的历史机遇期。如何提升治理能力和治理效能，如何重塑资源配置方式并打造平台型政府，如何规避新兴技术应用所带来的一系列伦理风险、权力危机以及安全隐患，成为技术视角下的新议题。

## 第一节　政府即平台：在平台中找寻政府

### 一、平台型政府的内涵与特征

#### （一）什么是平台型政府?

政府即平台。随着计算机数字技术的发展和普及，“平台”的概念已逐渐由专指供人们施展才能的舞台延伸出计算机硬件或软件的操作环境、为操作方便而设置的工作台以及进行某项工作所需要的环境或条件等释义。在信息化语境中，“平台”更多地被用于描述一种供多方主体参与的能够提升工作便捷度的环境或介质。在此基础上，“政府即平台”的概念悄然出现，其相关实践在英国、美国等西方国家取得了实质性进展。

“政府即平台”在强调一体化平台的技术观念和技术支持的同时忽视了政府作为基础平台所应具有的开放、共享等属性。相比之下，“平台型政府”的概念则突出强调政府应为企业、公众和专业人士参与社会服务提供一个合适的环境，也就是“政府本源上就是为了促进集体参与协作的基础性平台”①。

平台型政府可以被定义为基于政府履职需求，以平台技术为载体，通过多元主体共商、共建、共治、共享以解决社会治理问题的制度化协作体。拥有平台属性的政府不是与生俱来的，而是为了在复杂多样的治理情境中充当调节者、管理者、控制者而产生的。技术性平台的出现赋予了政府一种新的治理手段。政府可以借助技术性平台更好地发挥其作为协作化平台的内在力量。

## 延伸阅读

### “政府即平台”的起源

英国是全球最早开展数字化政府建设的国家。2017 年 2 月，在英国发布的《政府转型战略 2017—2020》中成功应用了“政府即平台”（government as a platform）战略，用以进一步推进英国政府数字化转型。该战略通过打造一体化线上服务平台、培育数字化专业人才、构建工作数字化环境、强化数据分析应用以及提供可复用的共享组件，进一步扩展政府数字业务范围，提升数字服务效能，为民众提供更加充足便捷的在线服务。

受“政府即平台”的启发，平台型政府可包括四种形态：一是一体化

① 韩万渠、柴琳琳、韩一：《平台型政府：作为一种政府形态的理论构建》，《上海行政学院学报》2021 年第 5 期。

平台，即依靠集中建立的统一服务平台提供满足公众绝大多数需求的跨部门服务网站，如国家在线政务服务平台。二是同行平台，即以业务部门为主体，构建以单一服务为中心的垂直化业务平台，如国务院部门依托垂管系统开展的在线政务服务平台。三是生态平台，即面对某一服务领域引入多主体建设服务平台以实现信息的交互，如教育部牵头的大学生就业服务平台。四是众包平台，即在政府充当中枢的同时最大限度地发挥企业、公众以及其他机构组织的作用，如各级政府建设的“随手拍”平台。①

从本质上看，平台就是基于专业分工的资源分配，即通过将资源（人、土地等）提供给各领域内最专业的力量从而使其发挥出最大价值。以此为基础，可以从供需两侧对平台型政府进行理解。从供给侧看，专业技术型公司或其他专业人员和团队按照一定的规范（如制度、标准、安全等）提供网络覆盖、算力支撑、算法分析、数据挖掘、安全保障等技术服务。从需求侧看，用户可以按照个性化需求访问平台提供的服务。在这个意义上，平台型政府的运作模式有点类似于供水、供电和供暖等按需使用的公共服务。

### （二）平台经济视角下的“平台红利”

平台型政府不是对政府进行简单的数字化、平台化的改造，而是对它自身的职责以及权力运行流程进行重构和优化。由此可见，平台型政府与以往的科层制下的政府形态相比，无论是定位还是功能均发生了明显的变化。

#### 1. 不搭台也能唱戏

在传统科层制中，政府为履行社会服务职能，总是试图通过搭建全能型服务平台，“一揽子”满足所有公众需求。而在平台经济的框架下，政府作为服务供给平台可以充分调动平台之外的社会力量为作为服务需求方的

① 杜超、赵雪娇：《基于“政府即平台”发展趋势的政府大数据平台建设》，《中国行政管理》2018 年第 12 期。

企业或者公众提供服务。政府摆脱了原有的建设者的身份束缚，可以更好地坐在“裁判席”上，充分激发各主体参与社会治理的积极性和主动性。

2. 共建共享的“工具箱”

以往政府大包大揽的建设模式常常受限于政府内部人员的专业知识储备不足以及单一供应商的技术实力欠缺，具有十分明显的局限性。尤其是这种模式被运用于提供普适性服务时，公众往往认为政府的服务不便利、不好用，由此出现“政府很辛苦，群众不满意”的情况。在平台型治理模式下，政府可以充分利用外部的社会主体，俯下身子和社会力量“交朋友”“结对子”。

3. 政银合作模式创新

政银合作模式为平台型政府建设注入金融活水。中国建设银行于2019年启动智慧政务战略，充分发挥自身的金融资源优势、金融科技优势和金融体制优势，主动作为，赋能政府数字化改革，为14省、13市搭建“互联网+政务服务”和“互联网+监管”平台或应用场景，注册用户突破2亿人，办件量超30亿件，成为政府信赖的深度合作伙伴。政银合作可以协助各省政府强化互信机制，加强工作协同，有助于业务、数据和技术标准的统一，创新推进“跨省通办”“一网通办”等工作。

## 二、平台型政府的构建

### （一）重构资源分配格局

1. 传统政府资源分配能力不足

在传统的数字政府建设过程中，“条块分割”和“多层级分离”现象较为普遍，这导致了资源的分配权常常被本地政府部门或垂直管理机构所掌握。各地区各部门的发展基础、财政实力、行政职权以及技术队伍差异性较大，客观上造成了资源分配不均、服务能力参差不齐以及使用群体割裂等现象，阻碍了数字政府效能的提升。

另外，从信息化系统建设的角度来看，政府主导建设的大部分系统往往只着眼于当前需求或业务本身，建设过程缺乏统筹，碎片化发展和重复建设等问题较为严重，在一定程度上导致了资源浪费。

2. 平台型政府对资源分配的重塑

统筹协同是核心。各地政府必须改变原有的“条块分割”资源分布现状，建立资源配置一盘棋模式，统筹和协调全域资源，利用共享式平台进行高效使用、有序调度和按需分配。以满足重点任务、民生短板和基层一线诉求为出发点，集中区域性优势资源力量，充分发挥平台的统筹优势，不断推动经济和社会的高质量发展。

资源调度是关键。资源以及资源的分配和共享是构建平台型政府的关键所在。在我国当前的治理体制下，政府掌握着各类资源，这些资源经由数字化驱动后可以催化为一种新形态。其中，最重要的资源就是数据资源，各级政府正在借助大数据管理机构以及技术性平台的建立使信息资源不断转化为更具结构性的数据资源。

共建共治是路径。数据资源共享主要面向企业、公众以及政府自身，其中，企业是数据共享的最大受益者。2022 年初，国务院印发了《“十四五”数字经济发展规划》，该文件强调数据要素是数字经济深化发展的核心引擎，企业是数据经济的主要驱动力量。因此，各地政府需要不断协同推进技术、模式、业态和制度的创新，切实发挥政府在建设平台过程中的主导作用，赋能经济社会高质量发展。

### （二）一种新的平台型政府治理范式

数字政府建设要求政府组织形态从科层级结构向平台化结构转变，政府的履职方式、治理对象、治理手段等都作出了相应的改变。

1. 政社合作，共建共治共享

我国政府曾经习惯以大包大揽和以计划指令、行政管制为主要手段对经济社会进行调控，政策缺乏灵活性，治理手段过于单一。信息技术的蓬勃兴起给传统的管理模式带来了剧烈冲击，传统的管理模式已经远远不能满足经济社会高质量发展和人民群众对美好生活的向往的需要。因此，主动顺应信息化浪潮，吸引多方力量共建共治共享，为公众提供服务的平台型政府便顺势而起。

平台型政府有利于打破“官本位、政府本位、权力本位”的传统思维，将服务作为治理的核心目标，以平台化作为其根本手段，建立规范的社会信用体系，引入企业、社会组织为人民群众提供品类丰富的社会服务。同时，随着企业、社会组织有序参与社会治理的全过程，最终建立“人人有责、人人尽责、人人享有”的治理共同体。

2. 虚实融合，拓展治理空间

随着数字技术的不断发展，相继萌生了数字孪生、数字原生、虚实相生等概念。其中，数字孪生是物理世界的数字映射，数字原生是平行于物理世界的数字世界，虚实相生是物理世界与数字世界相互作用。我们应该认识到，物理世界和数字世界绝不是二元对立的，二者既互有不同又相辅相成。如果没有物理世界，数字世界就是镜花水月，如果没有数字世界，物理世界就会死气沉沉。因此，社会治理的对象绝不应该局限于物理世界或者数字世界，而是要将二者按照相生关系进行有机融合、共同治理。与之相印证的是，各地政府在现代化治理探索中纷纷提出了“线上线下融合治理”的发展策略，以数据的流动实现管理的全覆盖。

3. 数据赋能，升级治理方式

物理世界和数字世界的治理，离不开各类数字化技术手段，而数据在其中则发挥了穿针引线的作用。目前，数据在社会治理中的关键作用已经得到了广泛认可。从业务治理到数据治理，相关治理方式逐渐聚焦于“数据的治理”和“基于数据的治理”。在平台型政府中，“基于数据的治理”正发挥着重大作用。所谓“基于数据的治理”，即在结构化、标准化数据的基础上，利用大数据、人工智能等手段对社会现象进行分析和结果反馈。此外，还需要改进与之相配套的业务流程，采取“谁履职、谁生产，谁生产、谁负责，谁应用、谁监管”原则，倒逼政府部门提高数据贡献度以及使用频率。可以说，“数据赋能”不仅重塑了业务流程，更是从根本上改变了原有的治理方式。

## 三、平台型政府的探索

### （一）国外探索创新

平台型政府的理念在西方国家率先落地，在此以英国为例加以阐述。依靠后发优势，在“电子英国”、“智慧政府战略”和“政府即平台”等一系列政策理念的推动下，英国数字政府快速发展起来。1999 年，英国出台了有关现代化政府建设的行动计划并建立了“UKonline. gov. uk”网站以提供一站式的在线公共服务。随后在 2012 年发布的《政府数字化战略》中进一步指出要着力提升政府的在线服务能力。2017 年的《政府转型战略（2017—2020）》在前者的基础上，提出推动政府实现数字转型并打造平台型政府以更好地服务民众。

英国政府在《政府转型战略（2017—2020）》中明确提出要基于“平台型政府”这一理念，确保平台能够在不同的政府部门之间实现再利用。具体来说，英国政府重点关注了政府公告系统、政府支付系统等系统的建设，随后还陆续推出了在线身份识别系统等一系列可重复利用的组件，从而可以更便捷、更廉价地提供数字服务。

### （二）国内探索创新

国内在平台型政府方面做了大量探索，在此以北京市为例加以介绍。北京市以首都高质量发展为统领，顺应政府治理数字化转型大趋势，推进体制机制变革、业务流程再造、数字技术革新，加强数字技术与政务服务的深度融合，构建智慧引领、集成统一、数据融合、协同高效的数字服务体系，在智慧城市总体框架下，打造“极简审批、智慧便捷”的数字服务平台（如图 3－1 所示）。

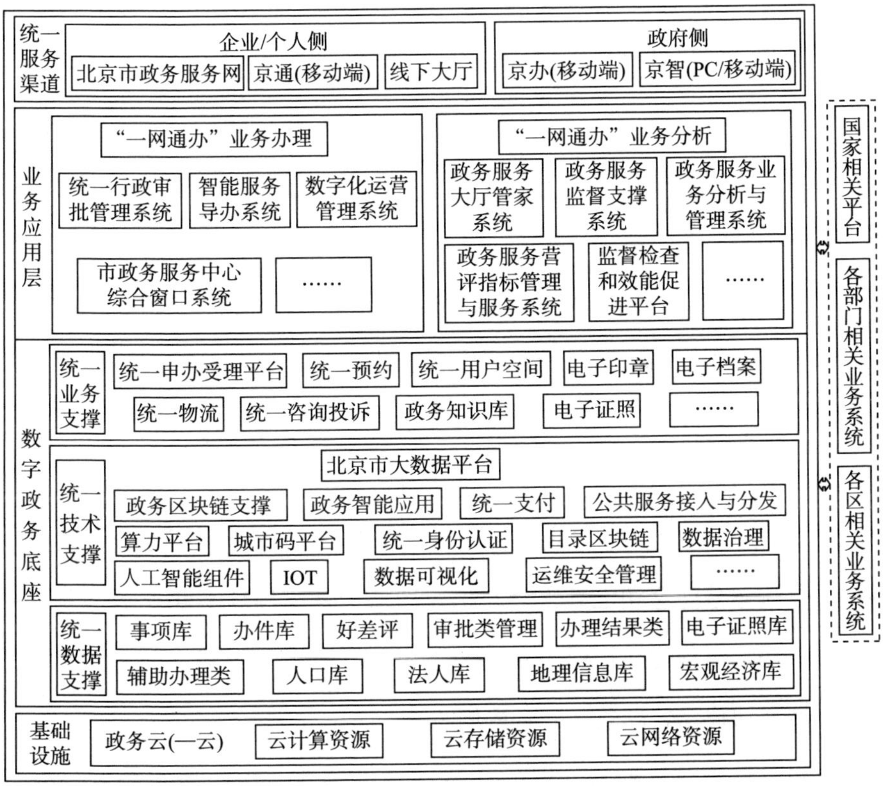


**图 3－1　北京市数字服务平台**

**资料来源：** 北京市政务服务管理局。

该平台主要特色有如下几点。

推进线上服务入口从多入口向统一入口转变。依托平台先进的政务服务业务中枢，打通各区、各部门异构业务系统，实行办件数据智能路由与分发，支撑跨部门、跨层级业务协同，并在PC端、移动端全面整合各区、各部门办事入口，形成以北京市政务服务网、京通小程序为核心的整体政府界面，企业和群众进一张网即可办全部事。

推进纸质材料流转向全程电子化办理转变。充分发挥电子印章、电子证照、电子档案的基础性作用，推动政府部门电子印章“应刻尽刻”“应用尽用”，企业电子印章“应发尽发”，电子证照在线上线下各类办事场景中“应调尽调”，企业和群众个性化电子档案在办事过程中共享共用。

推进事项办理从标准不一到无差别办理转变。依托数字服务平台，对政务服务办事指南、服务流程、服务平台等实施全方位标准化，支撑线上线下“一口申报”。推动不同层级、不同区域、线上线下均可无差别办理，为企业和群众提供线上线下统一、服务标准统一、服务品质统一的政务服务新体验。

推进服务运行从单体运维到整体运营的模式转变。针对传统政务信息系统“重建设、轻运营”“有运维、无运营”等难题，全面引入互联网行业的数字化运营理念和工具，全面构建覆盖运营支撑体系和业务运营、平台运营、用户运营的“1+3”的运营服务模式，以用促建、以用促优，持续推动服务便捷化、高效化、个性化。

推进共性支撑从独立分散到统筹建设的转变。集约新建统一申办受理、统一预约、统一物流、统一知识库和数字化运营、统一电子档案等平台能力；推进区块链技术在政务服务领域全场景、全领域、全流程的应用，重点推进事项受理、电子证照、电子印章、电子档案、统一身份认证、告知承诺等“区块链 + 政务服务”场景应用；基于 AI 技术优化智能化服务场景，打造智能机器人、智能咨询、智能导办、智能外呼等服务场景。

## 第二节 从上网到上“链”：政府治理“二级跳”

### 一、政府上网“运动”蓬勃兴起

#### （一）从羊肠小道走出来的中国互联网

1987 年 9 月 14 日，中国机械电子部科学研究院的研究员王运丰第一次在计算机上敲出了一封电子邮件，但是一处微小的程序漏洞导致这封邮件迟迟未能发出。7 天后，在研究组的重新编写下，这封内容为“Across the Great Wall we can reach every corner in the world”（越过长城，走向世界）的电子邮件终于穿越了半个地球到达德国，这使得网络两端的 11 名技术人员欢呼雀跃。该邮件被认为是中国成功发送的第一封电子邮件（如图 3 - 2 所示）[①]，它意味着中国已悄然叩响了互联网时代的大门。1994 年 4 月 20 日是中国互联网发展史上开天辟地的大日子——这一天中国全功能接入互联网，成为国际互联网大家庭中的第 77 个成员。

1999 年，40 多家部委（办、局）信息主管部门联合发起了“政府上网工程”，各省、自治区、直辖市的电信管理局作为落实单位，联合多方力量推动各级政府部门在 163/169 网上建立正式站点。这一年也被定为“政

① 《1987，中国上网》，《北京日报》2009 年 9 月 8 日。

(Message # 50: 1532 bytes, KEEP, Forwarded)
Received: from unika1 by iraul1.germany.csnet id aa21216; 20 Sep 87 17:36 MET
Received: from Peking by unika1; Sun, 20 Sep 87 16:55 (MET dst)
Date: Mon, 14 Sep 87 21:07 China Time
From: Mail Administration for China <MAIL@ze1>
To: Zorn@germany, Rotert@germany, Wacker@germany, Finken@unika1
CC: lhl@parmesan.wisc.edu, farber@udel.edu,
jennings%irlean.bitnet@germany, cic%relay.cs.net@germany, Wang@ze1,
RZLI@ze1
Subject: First Electronic Mail from China to Germany

"Ueber die Grosse Mauer erreichen wie alle Ecken der Welt"
"Across the Great Wall we can reach every corner in the world"
Dies ist die erste ELECTRONIC MAIL, die von China aus ueber Rechnerkopplung in die internationalen Wissenschaftsnetze geschickt wird.
This is the first ELECTRONIC MAIL supposed to be sent from China into the international scientific networks via computer interconnection between Beijing and Karlsruhe, West Germany (using CSNET/PMDF BS2000 Version).

| | |
|---|---|
| University of Karlsruhe | Institute for Computer Application of |
| -Informatik Rechnerabteilung- | State Commission of Machine Industry |
| (IRA) | (ICA) |
| Prof. Werner Zorn | Prof. Wang Yuen Fung |
| Michael Finken | Dr. Li Cheng Chiung |
| Stefan Paulisch | Qiu Lei Nan |
| Michael Rotert | Ruan Ren Cheng |
| Gerhard Wacker | Wei Bao Xian |
| Hans Lackner | Zhu Jiang |
| | Zhao Li Hua |

**图 3－2　中国第一封电子邮件**

府上网年”。国务院办公厅于 2001 年印发《全国政府系统政务信息化建设 2001—2005 年规划纲要》，网站建设在省市县各级政府中全面铺开。中国互联网络信息中心（CNNIC）发布的第 49 次《中国互联网络发展状况统计报告》显示，截至 2021 年 12 月，我国共有政府网站 14566 个。

### （二）从政务上网到服务上网

政府信息化从诞生之日起，经历了以“提高办公效率—深化业务应用—强化社会管理”为主线的发展历程。不可否认，电子政务在过去很长一段时间里使得政府管理工作更为便利。如果说电子政务过去的使命侧重于管理，那么在向服务型政府转型的今天，电子政务同样面临着由管理向服务转型的客观需求，即从业务上网向服务上网转变。[①] 以“互联网＋政

① 翟云：《改革开放 40 年来中国电子政务发展的理论演化与实践探索：从业务上网到服务上网》，《电子政务》2018 年第 12 期。

务服务”为例，本节将简要论述其意义。[①]

1. “互联网 + 政务服务”是政府职能转变的重要突破

我国政府职能转变30年的总体进程基本上遵循了从“划桨”（政府整合经济与社会）到“掌舵”（由经济整合政治和社会）再到“服务”（由社会整合经济和政治）的转变过程。[②③] “互联网 + 政务服务”恰恰反映了政府职能在公共服务领域的价值范畴和实践逻辑，即以“互联网 +”思维撬动政府职能转变新思路，以依法行政理念鞭策改革全过程。具体而言，要公开各级政府部门权力清单，优化再造政务服务流程，提升行政审批时效，让信息多跑路、群众少跑路，切实提升人民群众获得感。

2. “互联网 + 政务服务”是建设服务型政府的重要路径

“互联网 + 政务服务”应始终贯彻以人民为中心的发展思想。简言之，“互联网 + 政务服务”要遵循三个最根本的衡量标准：改革成效使企业申请开办的时间缩短多少，投资项目审批的时限压缩多少，以及群众办事方便多少。“互联网 + 政务服务”彰显了积极为公众服务、主动回应公众诉求的基本宗旨，无论是浙江的“最多跑一次”、江苏的“不见面审批”，还是贵州的“进一张网办全省事”，均清晰体现了省级统筹、纵向联通、横向协同的网上政务服务一体化架构。一直以来制约政府职能转变的需求缺位问题在一定程度上得到缓解。

3. “互联网 + 政务服务”是政府“放管服”改革的基本依托

从理论基础来看，与“互联网 + 政务服务”有关的研究涵盖了治理模

---

① 翟云：《“互联网 + 政务服务”推动政府治理现代化的内在逻辑和演化路径》，《电子政务》2017 年第 12 期。

② 蔡长昆：《从“大政府”到“精明政府”：中国政府职能转变的逻辑——交易成本政治学的视角》，《公共行政评论》2015 年第 2 期。

③ 陈毅：《对政府职能转变的思考——从“划桨”到“掌舵”再到“服务”》，《云南行政学院学报》2010 年第 1 期。

式、治理结构、治理机制、治理工具、治理能力和治理评估等主题，与社会治理基本吻合。从实践层面来看，要将推进行政体制改革、转职能、提效能作为三大抓手，牢牢扭住转变政府职能这个“牛鼻子”，“放管服”三管齐下、协同推进，始终坚持把深化“放管服”改革作为“先手棋”和“当头炮”。“互联网 + 政务服务”以简政放权、创新监管、提升服务为核心，强化多部门联合监管和协同服务，[①] 开启了从“群众跑腿”到互联网“数据跑路”的服务新模式。

4.“互联网 + 政务服务”是释放市场潜力和活力的新增长极

“互联网 + 政务服务”以互联网为基础设施，为大众创业和增加公共服务“双引擎”提供了有力支撑。互联网本身具有的扁平化特性高度契合了优化再造政府部门组织架构和业务流程的诉求。“互联网 + 政务服务”战略的推进加快了政府职能转变的进程，提升了信息流通的效率。在此基础上，信息流通成本降低，行政审批提速增效，政府改革红利得以变现，最终放权于市场和社会，市场活力和社会创造力被释放出来。

5. “互联网 + 政务服务”是供给侧结构性改革的有力杠杆

供给侧结构性改革带有浓厚的中国经济体制运行的特色，其根本目的在于促进稳增长、促改革、调结构、惠民生、防风险政策措施落到实处，确保经济运行在合理区间，推动经济平稳健康发展并使社会保持和谐稳定。供给侧结构性改革为“互联网 + 政务服务”提供了理论基础和经验借鉴。政府部门是“互联网 + 政务服务”的供给侧，社会公众是“互联网 + 政务服务”的需求侧。供给需求失衡不是“互联网 + 政务服务”的初衷，“互联网 + 政务服务”也需要供给侧和需求侧“两端发力”以实现相关服务的

---

① 侯化：《互联网 + 政务服务——安徽省亳州市运用互联网思维探索政务服务新途径》，《行政管理改革》2015 年第 7 期。

供需平衡与协调发展。“互联网+政务服务”已成为撬动政府改革的有力杠杆，有望成为驱动中国经济发展的新引擎。

## 二、政务上“链”的“二级跳”

### （一）通向数据流动的巴别塔

#### 1. 要数据比“要饭”难

数据表明，社会数据总量的80%掌握在各级政府部门手中，这些数据资源蕴含着大量可供挖掘的信息。在这个意义上，社会数据资源确实是一座金山。但是，跨部门信息共享存在着部门职责限制、技术安全风险和法律基础欠缺等障碍。一方面，政府部门受限于自身的职责，天然不具备数据共享的属性。具体而言，各部门之间对数据共享的权责划分并不明确，与涉密数据共享相关的法律法规与政策也不完善，何况还有组织结构不合理、共享成本过高、缺乏变革动力等问题尚未解决，以上种种均从利益层面阻碍了跨部门的数据共享。另一方面，由于信息安全保障、数据编目管理、数据质量控制等技术尚未成熟，导致数据的安全管理不健全、目录建设不规范、质量标准不统一等相关问题。

为了从机制层面解决数据共享的障碍，各地纷纷成立大数据管理局，制定公共数据管理政策明确各部门数据职责，建立数据开放共享机制和数据共享平台，配备专职数据管理人员以促进数据共享的工作开展。但从各地实践来看，数据共享平台汇聚的数据仍存在种类较为单一、更新频率较低、利用率不高等问题。如何在管理层面和技术层面解决前述问题，成为摆在各地政府面前的一大难题。

#### 2. 数据共享的信任基石

区块链，通俗地说就是由一个又一个区块组成的链条。每一个区块都保存了一定的信息，它们按照各自产生的时间顺序连接成链条，并且每一次的链接都会产生用于加密的唯一哈希算法值。这个加密链条则被保存在系统的所有服务器中，因此只要整个系统中有一台服务器可以工作，整条区块链就是安全的。这些服务器在区块链系统中被称为节点，它们为整个区块链系统提供存储空间和算力支持。

### 延伸阅读

**区块链的神奇面世**

2008 年 11 月 1 日，一位化名中本聪（Satoshi Nakamoto）的人发表了奠基性论文《比特币：一种点对点的电子现金系统》，阐述了基于 P2P（peer-to-peer，对等网）网络技术、加密技术、时间戳技术、区块链技术等的电子现金系统的构架理念，这标志着比特币的诞生。

中本聪被称为区块链之父，也是一个集经济学家、数学家、密码学家以及顶级黑客为一体的“神人”。从 2008 年的突然出现到 2011 年的彻底消失，中本聪的真实身份一直无人知晓，即使是 2016 年诺贝尔经济学奖的候选人呐喊也没能使他出现。我们唯一知道的是，他的出现是因为“从某一刻开始，我确信这世上存在一种不依赖信用的货币。我无法阻止自己去思考它！”他消失是因为“已经开始专注于其他事情”。

区块链有两大“杀手锏”。一是数据难以篡改，如果要修改区块链中的信息，必须征得半数以上节点的同意并修改所有节点中的信息。这些节点通常掌握在不同的主体手中，因此篡改区块链中的信息是一件极其困难的事。二是去中心化，区块链中的每个节点都能够单独地进行数据写入、读取，整个过程向所有节点公开且各节点的地位是平等的。如此一来，所有节点都变成了实质上的中心，去中心化得以实现。

基于以上两个特点，利用区块链对数据进行分布式存储能够为“链”上各方的数据交易提供信任基础。在政务数据共享过程中，区块链能够实现多方安全加密，打破数据归属权、管理权和使用权难以界定的问题，维护跨部门、跨地区、跨层级合作，建立数据共享的互信基石。此外，区块链具有的不可篡改、可溯源等特性可以实现“链”上政务数据生成、存储、使用和更新的全程留痕，进而保障数据安全。

### （二）上“链”推动治理模式变革

#### 1. 治理变革之道

建立各部门互信的参与式管理模式。利用区块链的 P2P 技术和共识机制，构建去中心化的结构型网络，建立各部门之间点对点的快速信息沟通渠道，促进政府管理的扁平化，提升政府内部的管理效率，促进管理模式向共治式转变。

构建基于区块链的信用认证范式。通过应用非对称加密技术、智能合约（smart contract，是一种旨在以信息化方式传播、验证或执行合同的计算机协议）等技术，建立个人、企业全生命周期不可篡改的权属清晰的信用链条，避免各种信用证明的信息冲突，减少第三方机构的介入，确保数据的唯一性、准确性。

保障政府数据的开放式共享。由于区块链的职责、目录以及数据是联结在一起的，所以它解决了数据缺位、越位的问题。同时，依托区块链将部门间的共享关系和流程上“链”锁定，建构起数据共享的新规则，解决了数据流转随意、业务协同无序等问题。数据共享、业务协同等行为将在“链”上共建共管，无数据的职责会被调整，未上“链”的系统将被关停，建立起部门业务、数据、履职的全新“闭环”。

2. 地方创新探索

北京市的海淀区、西城区在国内属于较早地开始应用区块链的地区。北京市海淀区于 2018 年开始推动“区块链 + 政务服务”应用，目前已有 21 家单位加入政务服务联盟链，38 类 324 个数据项已完成上“链”，同时还与天津滨海新区等 10 个地区签订了跨省/跨区通办协议。而北京市西城区则于 2021 年建成目录区块链平台（简称目录链）（如图 3 – 3 所示），以对接全区各类数据资源并承接市目录链数据下沉。此外，它还支撑着“城市大脑”、“领航西城”、核酸可视化大屏、新冠肺炎疫情防控专区等各个场景，目前已实现接口资源对接 88 类，记录数据调用存证 152 万份。

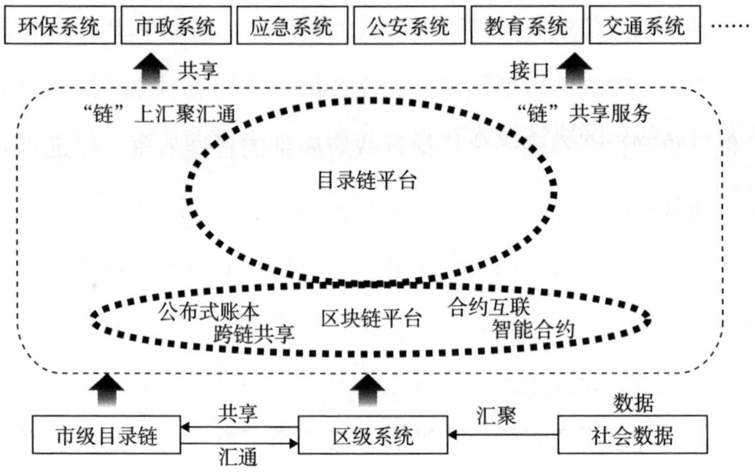


**图 3 – 3　北京市西城区目录链**

**资料来源**：北京市西城区大数据管理局。

目录链平台在新冠肺炎疫情防控中大显身手，成效显著。它不仅承接着前端业务系统的实时数据，同时也为核酸点位落图、核酸可视化展示提供数据接口服务和区块链可信数据共享服务，目前已实现 7 类数据的接入和共享。截至 2022 年 6 月，目录链平台已对接核酸点位 1500 多个，社区工作人员和志愿者实时打卡数据累计23万多条，保证了数据的实时性、安全性、真实性和可追溯性。此外，目录链平台还承担了数据清洗、数据治理、数据校验和数据过滤等数据工作，为全区的新冠肺炎疫情防控工作提供了高质量的数据资源服务与扎实的数据基础，提高了疫情防控工作全流程管控的效率。

## 三、区块链的风险与未来

区块链技术在政务领域的应用促使政府治理更加智能、参与主体更加平等、管理行为更加规范。可以说，数据势能正推动着政府治理向可见、可感、可运算的方向逐步前进。但是，我们也必须认识到任何新兴技术都是一把“双刃剑”。由于缺乏对政务应用“尝鲜者”的调查以及缺少必要的技术监管路线，区块链技术在具体应用过程中正面临着多重困境，需要加快破解。

1. 厘清认知误区

一是政府要走出对区块链的认知误区，建立清醒且客观的技术利用理念，主动学习相关技术知识和理念，为有效开展管理活动奠定坚实基础。二是政府要认识到去中心化带来的公权力危机。智能合约作为一种面向所有主体的管理机制，存在着替代现行制度及法规的可能性，容易成为不法利益获取和输送的保护伞。很多领导干部谈到区块链的“去中心化”特性时容易谈“链”色变。事实上，区块链的“去中心化”并非是去掉中心，技术上的去中心化并不等于管理上的去中心化，而是以技术手段形成“人人为中心”的机制。

2. 化解管理风险

区块链中最重要也是最核心的问题就是管理风险。首先，政府要打造敏捷型治理模式，建立灵活、轻力度、可调整的政策体系以便随时调整控制力度以及控制方向。更重要的是，要对区块链等新技术保持高度的包容，允许应用的快速上线和演进迭代，同时要保持警惕，不放松每一时期的技术监管。其次，要强化去中心化的法律监管。法律和政策本身就具有滞后性，区块链应用中所有主体的平等性也导致没有单一机构可以承担法律上的责任。最后，要妥善解决数据不可篡改的删除权悖论。我国《网络安全法》规定个人有权要求网络经营者删除其违法收集的信息，但是一旦数据被写入区块链则很难进行修改或者删除。

3. 防止数据泄露风险

基于区块链去中心化的平等公开属性，数据的上“链”过程向所有参与主体公开，这导致某一处一旦发生数据泄露，就相当于向全体用户广播通知。从制度管理层面来看，应加强对区块链中参与主体的审核，保证每一个节点用户都是安全可信且具有存在的必要性，同时要使用密码技术对每个登录节点的用户进行身份鉴别并开展定期的安全性评估。从数据共享过程来看，应加强对全体用户的身份识别，确保在数据的编写、传输、存储等过程中，只有授权主体可以参与，严格规划可共享的数据范围，降低数据可能泄露的风险。

## 第三节　智慧“大脑”让政府会思考

2018 年 10 月 31 日，中共中央政治局就人工智能发展现状和趋势举行第九次集体学习。习近平总书记在主持学习时强调，人工智能是新一轮科技革命和产业变革的重要驱动力量，加快发展新一代人工智能是事关我国能否抓住新一轮科技革命和产业变革机遇的战略问题。①

## 一、具有“头雁效应”的人工智能

### （一）人工智能的起源与发展

1948 年，著名计算机科学家阿兰·图灵在其论文《计算机器与智能》中介绍了一种“可以思考的机器”，它被公认为人工智能的雏形。随着计算机技术的发展与普及，人工智能技术具备了良好的研究基础和发展机遇。回顾人工智能 70 多年来的发展历程，主要可以分为以下几个代表性阶段。

诞生（1956 年）：马尔文·明斯基、约翰·麦卡锡、香农、罗切斯特等科学家在达特茅斯学院召开了一次关于人工智能的研讨会，史称“达特茅斯会议”，人工智能的定义与发展目标在本次会议上初步形成共识。马尔文·明斯基被奉为“人工智能之父”。

第一次黄金期（1957 年至 1974 年）：达特茅斯会议之后，科学家们在推理、机器翻译、自然语言处理等领域取得了令人瞩目的成绩。科学家们对人工智能的发展也充满了希望和激情，乐观地认为 20 年内将研究出具有完全智能的机器。

第一次寒冬期（1975 年至 1980 年）：随着《莱特希尔报告》的发布以及机器翻译项目的全面失败，人工智能遭到了大家的质疑和抨击。各国政府对人工智能的资助大幅削减，人工智能进入第一次寒冬期。此阶段的主要问题集中在计算机算力不足、计算复杂性较高以及常识与推理程序化表

① 《加强领导做好规划明确任务夯实基础 推动我国新一代人工智能健康发展》，《人民日报》2018 年 11 月 1 日。

示的难度大等方面。

第二次黄金期（1981 年至 1987 年）：模拟人类专家的知识和经验解决特定领域的问题的专家系统（expert system）广受欢迎，人们又一次看到了人工智能的巨大潜力。同时，以日本的“第五代计算机计划”为代表的政府重大计划又一次促进了人工智能的发展。

第二次寒冬期（1988 年至 1993 年）：随着人工智能的应用规模不断扩大，专家系统等技术由于自身的缺陷暴露出了很多问题，人工智能的发展再次陷入瓶颈。与此同时，商业机构对于人工智能的追捧程度也下降了不少，人工智能进入第二次寒冬期。

发展期（1994 年至 2010 年）：随着计算性能的提升和互联网的大规模普及，人工智能的算法研究和实践应用都得到了快速发展。“智能代理”的新范式被广泛接受，复杂的数学工具受到关注，类脑研究开始进行。“深蓝”等一系列人工智能的出现也让人们再次领略到人工智能不可估量的潜力。

爆发期（2010 年至今）：随着大数据、云计算、物联网等第四次工业革命带来的新兴技术，以及信息的表示和传递形式的变革，泛在感知数据和图形处理器等计算平台推动以深度神经网络为代表的人工智能技术飞速发展，人工智能势不可当地进入了新发展阶段。

### （二）人工智能为什么能？

#### 1. 人工智能对人的挑战胜率几何？

从最早的人工智能的“跳棋程序”到第二代人工智能“深蓝”，再到当下的以“AlphaGo”为代表的第三代人工智能，人们一直在怀疑，人工智能对决围棋世界冠军胜率有多大？2016 年 3 月 15 日，“人机大战”的巅峰对决尘埃落定——围棋大师李世石以总比分 1∶4 败给了人工智能 AlphaGo。尽管这场举世瞩目的大战已过去 6 年，但 AI 对于整个围棋行业以及职业棋手们的影响却一直延续至今。

清华大学唐杰教授组织研发的“悟道2.0”作为中国规模最大的预训练大数据模型，包含1.75万亿参数，是人工智能模型GPT-3的10倍，打破了之前由Google Switch Transformer预训练模型创造的1.6万亿参数纪录，在9个竞赛评测任务上达到国际第一。悟道是个多面手，不仅能唱歌、绘画，作诗的水平也不容小觑（如图3-4、3-5所示）。

**长城**

【悟道】风格：李白（唐）

谁道秦兵畏虎狼，更烦天女织金索。
月中取影教吹笛，岭上征兵试射戈。
缘是截山穿绝壑，唯应似挂长丝萝。
若随天仗回云路，定要烟尘死路多。

**图3-4　悟道“长城”即时作品**

**颐和园**

【悟道】风格：杜甫（唐）

万寿山昆明世界，群山翠辇拱龙池。
九天日月开宫殿，万国梯航到殿基。
水向紫烟流碧落，露疑红日下丹梯。
如今王气都萧索，何处笙歌乐未稀。

**图3-5　悟道“颐和园”即时作品**

悟道一边忙碌着训练AI程序，一边潇洒自如地模仿李白、杜甫、白居易的风格“吟诗作赋”。前沿科技与传统文化的激烈碰撞，遣词造句与思想内涵的重构融合，结果会是如何呢？如果李白、杜甫泉下有知，看到“选手们”写的诗，可能也会长叹“长江后浪推前浪，一代更比一代强”。

2. 人工智能的成功之道

人工智能是一个与多个领域及具体技术密切相关的领域，它的应用条件一般可概括为“两大基础平台”和“三大通用技术”。“两大基础平台”指的是云计算平台与大数据平台，这两大平台既是实现人工智能技术的前提，又是将人工智能投入实际应用的重要保障；“三大通用技术”则包括机器学习、模式识别与人机交互，这三大技术与人工智能应用方向密切联系，是开发人工智能代表性产品的技术基础。

人工智能经过了70余年的不断发展，最近几年再次成为了全世界关注的热点之一，同时也是世界各国争夺的重要科技制高点。

## 二、人工智能成为撬动政府治理新赋能

### （一）城市运行靠大脑

2020年3月31日，习近平总书记在杭州城市大脑运营指挥中心考察时指出，推进国家治理体系和治理能力现代化，必须抓好城市治理体系和治理能力现代化。运用大数据、云计算、区块链、人工智能等前沿技术推动城市管理手段、管理模式、管理理念创新，从数字化到智能化再到智慧化，让城市更聪明一些、更智慧一些，是推动城市治理体系和治理能力现代化的必由之路，前景广阔。①

在习近平总书记考察杭州城市大脑两周年之际，杭州瞄准短板不足，聚焦急难愁盼，加快打造“杭州城市大脑2.0”，接入了1300个信号灯和4500条道路的实时视频，一个数据中心汇集了交通管理、公共服务等诸多领域数百亿级的数据，展现出全国智慧城市建设“重要窗口”的“头

① 江南：《杭州 让城市更聪明更智慧（探索城市精细化管理新路子）》，《人民日报》2020年6月17日。

雁风采”。其中，一网统管作为跨层级、跨地域、跨系统、跨部门、跨业务的应用集成平台，它通过数据流转分析辅助构建“决策—控制—反馈—改进”闭环管理机制，依靠数据指标化持续提高预测预警和战略目标管理能力。杭州城市大脑用实时在线数据和各类智能方法，对城市运行的态势全面感知、趋势智能预判、资源统筹调度、行动人机协同，带动城市治理由人力密集型向人机交互型转变，实现在最低层级、最早时间，以相对最小成本，解决最突出问题，取得最佳综合效应。[①] 杭州城市大脑交通治堵应用案例被写入了《2020 联合国电子政务调查报告》，国务院在第七次大督查通报中也表扬了“杭州城市大脑提升政府数字治理能力”这一典型案例。

成都市城市大脑基于成都市现有“云、网、数、端”等智慧城市建设成果构建。成都市城市大脑以“数字孪生政府”为理念，以应用需求驱动数据融合、以数据融合赋能智慧治理，按“政府五大职能 + 社会诉求”解构业务逻辑，按“1 +2 +6 + N + X”顶层设计构建城市大脑体系，将物理场景搬到网络理政中心，通过调用大数据模型进行跨部门、跨领域综合分析挖掘，提供运行监测、决策分析、指挥调度等业务支持，支撑实现全天候全时段在线监测、分析预测、应急指挥。截至 2022 年 6 月，接入 66 个部门 273 个业务系统和 30 万个视频和物联传感终端，汇聚政府和社会数据 60 亿条，支撑打造市、区（县）两级智慧应用场景 160 余个，支撑开展各类指挥调度、会议会商、疫情防控、应急演练等各类活动 2000 余场，使成都市网络理政中心成为城市运行监测中心、城市智慧治理中心和城市应急指挥中心。2019 年 12 月，李克强总理莅临成都市网络理政中心调研视察，

① 《聚焦升级城市大脑 2.0“数字杭州”助力建设数字化改革“杭州模式”》，《杭州日报》2022 年 5 月 24 日。

对成都市建设城市大脑、打造便民利企应用场景给予充分肯定。2020 年 11 月，成都市以城市大脑案例荣获“2020 世界智慧城市大奖中国区决赛入围奖”。

### （二）政府治理会思考

人工智能是政府智能化运转的根本。在此以北京市副中心应用人工智能创新政府管理服务的实践加以说明。

建设城市副中心政务服务大厅是贯彻落实习近平总书记论北京政务工作系列重要讲话和指示精神的重要举措。而疏解北京非首都功能、推动京津冀协同发展战略部署等重要举措，则是落实北京新两翼规划布局、高质量推动北京城市副中心建设、进一步提高“四个服务”水平的具体体现。从企业、群众的体验出发，充分运用现代信息技术，再造审批流程，创新服务模式，打造智能型的城市副中心政务服务大厅（如图 3－6 所示），可以进一步提高政务服务智能化、精准化、便利化水平，切实提升企业群众办事的获得感和幸福感。

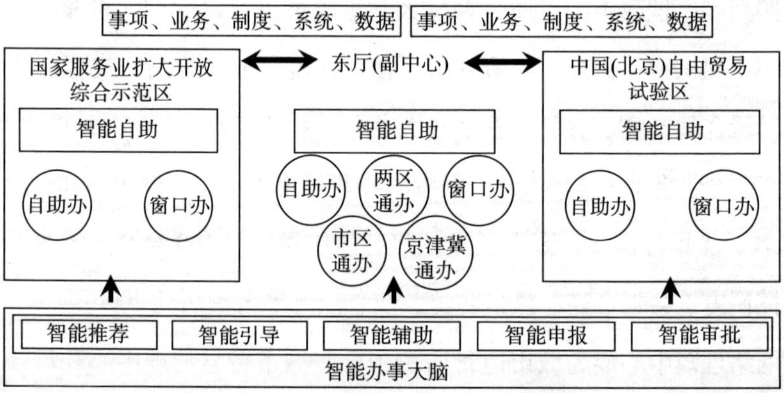


**图 3－6　北京城市副中心智能办事大脑**

**资料来源：** 北京市通州区政务服务管理局。

城市副中心政务服务大厅建设充分利用现有成果，聚焦政务服务中尚存的现代科技应用不充分、智能化服务水平不高、场景式服务提供不足、整体协同联动效果不佳等问题，以场景化配置服务为切入点，整合了线上、线下多方资源，对全流程业务链条各节点进行智能优化，打造了政务服务的“改革场”和“试验田”，推动政务服务高质量发展。

一是主动顺应政务服务云端、移动、智能、可信化的新趋势。以企业和群众需求为导向，充分运用区块链、大数据、云计算、人工智能、5G通信等最新科技，发挥智能技术的“溢出效应”，形成智能技术驱动和服务模式创新“双轮驱动”的发展格局，为企业和群众提供全流程智能化场景服务。

二是充分彰显了资源共享复用的新思路。坚持“同一事项异地能办”的原则，打造“数据共享、信息复用、远程交互”三位一体的新模式，充分共享市、区两级和前端、后台的政务服务资源，体现线上线下高度融合的资源共享复用新思路。

三是精心打造了智能政务服务的新样板。充分体现了本市优化网上政务服务改革成果，为在5G互联网背景下，建设政务科技引领，网端线上为主、实体线下为辅的智能型政务服务大厅提供示范案例，在打造智慧政务服务体系中发挥了“头雁效应”。

四是不断满足“三地协同”的新需求。紧紧围绕京津冀协同发展，着眼构建标准统一、整体联动、业务协同的“大服务”，加快实现从“线下跑”向“网上办”转变，从“分地跑”向“一体办”转变，从“人工批”向“智能办”转变，不断满足京津冀互相支撑、互为补充、互予便利“三地协同”的新需求。

### （三）政务服务可“秒批”

人工智能技术是政务服务进行纵深改革的重要赋能利器。各地区各部门依托现代信息技术和电子数据应用，瞄准主动、精准、智能政务服务的工作目标，推进政务服务“秒批”改革（无人干预自动审批）。

## 延伸阅读

### 何为“秒批”服务？

“秒批”是一种依托自动化审批形成的高效政务服务模式，即申请人提交申请信息，系统按照既定规则，通过数据共享实时比对核验申请信息，自动作出审批决定，并将审批结果及时主动告知申请人的政务服务新模式。

2018 年，深圳市率先开展政务服务“秒批”改革，通过基于数据的自动比对获得即时审批结果从而实现全程无人干预的自动审批。2018 年 6 月，深圳市正式推出普通高校应届毕业生引进和落户的“秒批”服务。“秒批”服务落地后，毕业生引进和落户由至少跑 4 次变为最多跑 1 次，由至少提交 25 份纸质材料变为零提交。至今，深圳市已推广“秒批”事项 315 项。2019 年 10 月，新华社在《开辟“中国之治”新境界——写在党的十九届四中全会召开之际》一文中对深圳“秒批”改革“点赞”。以“秒批”为基础，深圳市在 2019 年开创无感申报服务，即“秒报”模式。该模式基于实名认证和申请人的授权进行运作，由系统自动读取后台相关数据库并完成表单自动填充和材料自动推送，从而实现“免填免报”。目前，深圳市在公积金、社保等 196 个事项上全部实现了无感申办。2020 年 9 月，深圳市在前述改革的积累上推出了“秒报秒批一体化”政务服务新模式，居住证补换领、高龄津贴资格认证等 118 个事项均能够获得“秒报秒批一体化”服务。此外，对于一些暂无法实现格式化数据的填充和推送及仍需手工录入业务数据的服务场景，深圳市主动应用人工智能、自动识别、自动读取等技术以提供“秒录”（自动识别填充）服务。

## 三、人工智能是“天使”还是“魔鬼”？

恩格斯曾警告道：“我们不要过分陶醉于我们人类对自然界的胜利。”[①] 技术变革具有两面性，人工智能既给数字政府建设带来了难得的新机遇，同时也因伦理问题、数据技术安全性问题等不稳定因素对经济社会造成了颠覆性冲击。由此可见，我们不能盲目陶醉在人工智能的“繁荣盛世”中。

### （一）人工智能引发的伦理问题

从本质上讲，人工智能技术始终致力于帮助计算机拥有“类人”的思考方式。现阶段的人工智能仅仅是设定好的执行程序，体现的是算法背后开发人员的主观认识和思维习惯，因此很难避免算法带有的倾向性。这种置于“人工”情境下的“智能”，并不能保证算法是客观公正的。此外，人工智能将对从业者带来更多冲击乃至引发“失业危机”。有哲学家预测，除了从事人工智能的人和作决策的人以外，其他97%的行业从业者的工作都将被替代，这个“罪魁祸首”便是人工智能技术。而人工智能也对现行的法律法规和社会规范提出了挑战，譬如无人驾驶汽车一旦出现事故，责任应归于哪一方？相关问题仍有待思考。

### （二）人工智能也要筑好“防火墙”

人工智能应用的基础是数据，而数据产生的主体是一个个鲜活的个体。在日常生活中，我们不难发现，当监控摄像采集个人数据时，它的采集与使用并未经过个体的许可。而大量的数据存在于政府和企业的手中，这就

---

① 恩格斯：《自然辩证法》，人民出版社2018年版，第313页。

会有极高的数据泄露风险。2018 年《纽约时报》披露，剑桥分析公司（Cambridge Analytica）在 2016 年美国总统大选期间在未经允许的情况下收集了 5000 万 Facebook 用户的数据，并将它们用到政治广告中，内容包括肤色、性取向、智力水平、性格特征、宗教信仰、政治观点等。该案例反映了应用人工智能技术时需要注重个人隐私保护，且这种保护应贯穿人工智能应用的全过程。

### （三）人工智能或终结人类历史？

著名物理学家斯蒂芬·霍金（Stephen William Hawking）曾说道："在我的一生中，我见证了社会深刻的变化。其中最深刻的，同时也是对人类影响与日俱增的变化，是人工智能的崛起。"他认为人工智能的崛起，要么是人类历史上最好的事，要么是人类文明的终结。这一判断不无道理。一方面，它既是大数据、云计算、物联网的集大成者，同时，对经济社会的影响又远远超越以往任何技术。在这个意义上，它确实具有"头雁效应"，引领着第四次工业革命的持续推进。另一方面，人工智能是人的智慧的结晶，在模仿人类的同时，也在努力实现对人类的超越。它解放了人力，但同时又替代了人力，带来就业危机。假以时日，人工智能会替代人类吗？

### （四）如何平衡人工智能"双刃剑"？

习近平总书记在中共中央政治局第九次集体学习时指出，要加强人工智能发展的潜在风险研判和防范，维护人民利益和国家安全，确保人工智能安全、可靠、可控。要整合多学科力量，加强人工智能相关法律、伦理、社会问题研究，建立健全保障人工智能健康发展的法律法规、制度体系、伦理道德。面对人工智能潜在的技术风险和伦理风险，相关部门应以积极的态度审慎应对，最大限度控制人工智能技术所带来的负面效应。唯有如此，才能使"魔鬼"变为"天使"。

# 第四章

# 塑造政府运行新形态

数字政府建设是实现国家治理体系和治理能力现代化的重要支撑，是创新政府治理理念和方式的重要举措，在政府履行经济调节、市场监管、社会管理、公共服务等职能方面起着重要作用，有利于实现政府决策科学化、社会治理精准化、公共服务高效化、市场监管智慧化。构建协同高效的政府数字化履职能力体系，对加快转变政府职能和建设服务型政府意义重大，势在必行。

## 第一节　智策：决策中的数据魅力

习近平总书记指出："善于获取数据、分析数据、运用数据，是领导干部做好工作的基本功。"国家和社会的治理离不开领导干部，广大领导干部是数字政府建设的践行者，也是数据决策思维的应用者。应用大数据进行决策是社会进步和发展的必然要求，无论是社会治理、市场监管的决策还是公共服务、经济调控的决策，都需要依托大数据、应用大数据，决策者更要懂得大数据、用好大数据，不断增强利用数据进行决策的本领。

### 一、"拍脑袋"决策与数据决策

#### （一）"拍脑袋"决策要不得

1. 何为"拍脑袋"决策？

"拍脑袋"决策，就是没有调查研究，全靠自己主观臆断来决策的一种现象。对于领导干部而言，可以说是一种"任性病"，也成为部分脱离人民群众的领导干部的一种流行病。政府部门的决策事关群众利益，关乎党和国家事业的健康发展，一旦决策“脱离轨道”，成为一意孤行和闭门造车的产物，不仅会造成公共资源的极大浪费，而且严重损害广大人民群众的切身利益，成为经济社会发展的堵点和为人民服务的阻碍。

2. “拍脑袋”决策也是官僚主义

“拍脑袋”决策的风险很高，很多决策都是错误的，可能会付出沉重的代价，往往最后的结局就是“拍大腿后悔”。例如，中央第八巡视组在巡视某省造林绿化“一大四小”工程时，将其定性为“脱离实际”，[①] 由于某些领导用自己的“臆想”代替了城市规划，要求全省新农村建设试点村、交通干线沿线可视范围内乡村全面绿化，确保“白天不见村庄，晚上不见灯光”，这不仅无助于改善生态环境，还浪费了大量资源。无独有偶，这种没有经过可行性研究出台的政策、作出的决策，在基层也同样存在。2010年，河南省一个经济欠发达的县耗资近千万元修建了一条观光窄轨铁路，试运行第一天就翻了车，至今一直处于闲置状态，“沉睡”不醒。[②]

这样的例子举不胜举。究其原因，绝大多数案例仅靠个人脑袋灵感决策，决策前没有进行科学研究。由此可见，“拍脑袋”决策不遵循市场规律，没有从实际出发，不注重调查研究，错误地发挥主观能动性，缺乏长远战略眼光，仅凭领导者的主观意志来决定重大问题，从而影响了经济社会的可持续发展。可见，“拍脑袋”决策是违反科学发展观的错误或低效决策行为。

### （二）数据决策势在必行

1. 什么是数据决策?

数据决策是指依靠信息手段等方式，对数据资源进行深度挖掘，用来

---

① 闫鸣：《从严从实整治“政绩工程”“面子工程”》，《中国纪检监察报》2019 年 12 月 6 日。

② 黄春景：《还有多少拍脑袋决策项目“沉睡”不醒》，《当代广西》2013 年第 16 期。

支持各部门的分析需求，并发现潜在价值与风险，从而形成决策建议。数字技术的突破，使得获取、存储以及使用数据的成本更加低，依靠科学的数据决策也逐步走进人们的生活。互联网的革命使得数据决策真正崛起，它使决策的制定不仅仅依靠个人经验，更主要基于数据分析和系统研究。与传统“拍脑门”决策相比，政府可凭借数据更加全面地掌握信息，进而发现最优的决策路径，从而更有效地进行宏观调控、社会治理和公共服务。

2. 数据决策好在哪？

真正有效的决策不完全是靠经验和拍脑袋，而是要加入数据的元素、依靠大数据分析的结果。决策效果远胜于传统的经验决策，能够降低政府运行和沟通成本。“拍脑袋”决策、经验决策和数据决策在决策手段、决策过程、决策结果方面都有很大区别（如表4－1所示）。

**表4－1　不同决策方式的区别**

| | “拍脑袋”决策 | 经验决策 | 数据决策 |
|---|---|---|---|
| 决策手段 | 个人的主观臆断 | 依据过去的经验 | 运用并依靠大数据 |
| 决策过程 | 受主观情绪影响 | 调查研究，<br>专家论证 | 保持客观性，站在全局立场，<br>运用大数据分析预测 |
| 决策结果 | 留下很多后遗症 | 结果有对有错 | 容易达成预定的目标 |

应用大数据思维进行决策正在全方位地变革政府的管理方式，给政府治理能力和社会管理能力带来了新的机遇。对于睿智的领导干部而言，应用大数据思维进行决策，正在全方位地变革政府的管理方式，给政府治理能力和对社会管理能力带来了新的机遇。相信在不久的未来，不懂得利用大数据思维、不懂得数据决策的领导者将面临淘汰的风险。因此，无论是政府的高级领导，还是基层的普通干部都必须重视数据决策的力量，培养大数据思维，加强大数据素养。

## 二、数字时代要靠数据说话

### （一）大数据成为政府治理的利器

1. 大数据如何让政策红利变现？

一个国家和社会的发展，必须依靠全面的信息才能真实地反映客观现状，大数据分析和预测可以为政府科学决策、精细化管理和服务创新带来新的机遇。政府部门可以通过大数据分析了解公众的生活和社会的发展状况，更加及时回应社会关切，为政策措施的制定提供强有力的支持；也可以通过数据分析来优化流程、辅助决策，降低成本，提高效率，进行精准管理。借助多样化的大数据，通过政务数据与互联网数据的关联和挖掘，可以不断地分析现实潜在的问题，研究可能预警的风险，也可以预测事物的发展趋势，从而使市场主体和社会公众通过大数据享受政策的红利。

2. 向“前”看是大数据的核心价值

大数据的核心价值是用数据挖掘进行预测。我们生活中最常见的应用案例不乏有搜索引擎“预测流感”、电商平台“预测消费行为”、气象台“预测天气”。涂子沛在其《数据之巅》中指出，数据挖掘能做的不只是可以知道“过去发生了什么”“过去做了什么”，还可以敏锐地预测出“今后会做什么”。比如，我们需要实时了解网上的社情民意，但网络舆情由于具有传播快、表达随意等特性，传统管理方法很难适应。而利用大数据，政府管理部门可以实时、全面感知和预测社会公众的需求和想法，及时发现热点、堵点。

### （二）构建“数据决策”一体化体系

1. 得数据者得天下

科学决策是实现科学宏观调控、构建阳光权力运行体系、提供多样化公共服务的重要基石。三分经验、七分数据，得数据者得天下。就政府而言，大数据将成为国家治理、社会治理和政府治理的信息基础。当前，全球经济面临金融危机风险，地缘政治冲突加剧通胀压力，新冠肺炎疫情反复又带来不确定性，经济衰退和经济复苏受到各方重视。经济衰退什么时候结束？经济复苏什么时候开始、能复苏到什么程度？有没有一种比较可靠的办法，可以实时预测经济发展趋势？国家统计局和中国物流与采购联合会发布的中国采购经理指数 PMI（一套综合性的经济监测指标体系），不仅反映了商业活动的现实情况，还反映了对经济发展的未来预期。在新冠肺炎疫情防控和复工复产期间，各级政府部门可以根据 PMI 指数判断疫情对市场主体的影响以及对经济复苏情况作出进一步判断。

2. 大数据成为经济社会的“晴雨表”

近年来，我国全面建成国家法人单位基础信息资源库，汇集了全国所有法人从成立到消亡的信息，为全面掌握企业发展动态提供了数据基础，日益成为市场经济发展的“晴雨表”。国家法人库具有基础性、基准性、权威性等基本特征，在此次新冠肺炎疫情“大考”中，法人单位信息资源的开发利用成为疫情防控和复工复产的支撑力量。市场监管总局依托国家法人库资源开展市场主体登记进行宏观监测、区域监测、行业监测，建立市场主体大数据指标体系，构建了企业活跃度模型。比如，以平常某地区 72% 为企业活跃度的基准线，疫情后高于 72% 说明企业复工复产恢复正常，低于 72% 说明疫情后复工复产受到一定影响。通过对法人信息进行多层次、多类型、多维度的分析、挖掘，为各地区、各部门开展管理模式创新提供信息支持和决策依据。

## 三、领导干部要有“数据决策观”

### （一）数据决策思维“五步曲”

如何将大数据应用到公共事务的决策中是数字政府建设的战略重点。数据洞察力也已经成为各级政府部门数字化转型的一个重要标志。参照彼得森的“沟通、分析、综合、评估以及执行”决策思维五步法，数据思维决策也需要经过“收集、分析、挖掘、验证、执行”五个步骤（如图4－1）。

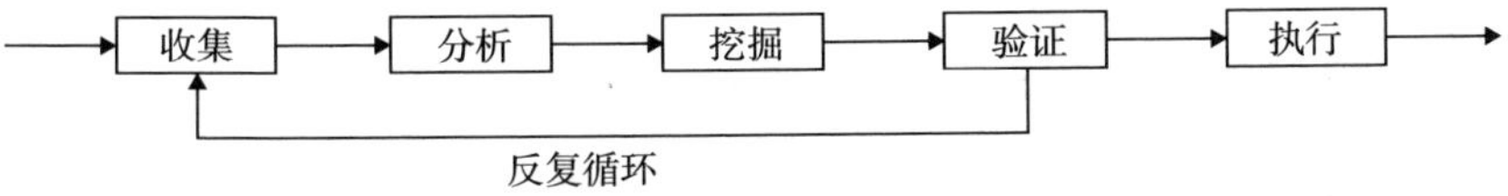


**图4－1　数据决策思维“五步曲”**

收集是数据决策中的关键一步，也是领导决策者往往容易忽视的一点。大数据来自我们生活和工作的方方面面，收集就是将能用、可用的数据收集、整合并管理起来，形成数据资产。数据资产具有量大、快速、多样、准确等特征，可以满足数据的筛选需求。分析是人类的认知不断改进的过程，也是在立足顶层设计下的统筹规划，需要确定问题并驱动目标，是目标导向下的问题分解和求解的过程。挖掘就是根据客观的可能性，运用收集的数据和分析的方法，对影响目标的诸因素进行计算和研判。验证即对未来行动作出决定的决策进行研判，通过反复试验探索事物之间的因果关系，确定决策的最优可行方案。验证的过程也是我们不断完善和调整的过程。执行就是把资源分配到行动中，使决策的价值得以实现，最大程度上得到自己想要的结果。

### （二）手中先有数，决策才精准

1. 数据成为“幕后高参”

应用大数据进行决策是社会进步和发展的必然要求。当前，数据正有力推动国家治理体系和治理能力现代化，日益成为政府决策的“幕后高参”。国家和社会的治理离不开领导干部，广大领导干部既是数字政府建设的践行者，也是数据决策思维的应用者。这就要求决策者更要懂得大数据、用好大数据，不断增强利用数据进行决策的本领。比如在我们日常决策中，要想知道我国某些产业供应链是否完整，疫情等灾难面前物资是否短缺，以及能源是否自主、经济结构是否合理等宏观层面的政府决策，更重要的是“先有数、再决策”。

2. 镜子越擦越亮，数据越用越准

要想用数据进行分析支持宏观决策，必须要做好数据日常积累。一方面，要加强对政府掌握的政务资源的整合共享，包括自然资源和空间地理基础数据库、人口基础数据库、法人单位基础数据库、宏观经济基础数据库、国家基础资源库，以及社保、民政、气象、信用等方面信息；另一方面，要加大对互联网等行业信息的积累，包括网站、社交媒体产生的信息和电商平台等交易信息，以及移动通信、金融等行业大型企业掌握的信息。

3. 数据助力“多策慎决”

要做到科学决策，就得“多策慎决”。“多策”就是多比较、多分析、多出主意，“慎决”就要选出最优方案、最优决定。只有更广泛地汇聚分析数据，才能实现科学决策、有效决策。在政府数字化转型的过程中，尤其需要形成完善的数字化认知理念，从决策管理等多方面提升数字化水平。只有这样，才能够让政府真正实现数字化发展。

## 第二节　智治：“小数据”撬动“大治理”

### 一、数字化为社会治理提供新思路

#### （一）挖掘数据背后的价值

“数据”最早来源于测量和计量，一般指的是“有根据的数字”，有时也指数值，就是我们通过观察、实验或计算得出的结果。传统意义上的数据范畴较小，可以理解为数据是信息的载体。进入信息时代以后，“数据”被赋予了新的内涵，它不仅指代“有根据的数字”，而且还包含了存储在电脑中的信息，比如图片、文本等。这个时候的数据可谓是信息的代名词。20世纪80年代，美国提出了“大数据”的概念。大数据之大，关键在于容量和价值。大数据的价值源于传统的小数据，容量在于现代的大记录。它们之间的关系如下：

大数据＝传统的小数据（源于测量）＋现代的大记录（源于记录）①

海量数据的发展带来了新一轮的信息化发展机遇，必将引发一场决策方式的革命和治理范式的更新。数据能够帮助决策者全面了解、准确掌握所需信息，研判发展趋势，提高决策效率和决策质量，从而提高决策科学化、民主化和现代化水平，它具有催生国家治理模式创新的效果，将给国家治理带来路径突破和机制创新。② 充分挖掘数据背后的价值可以提升社会治理的水平。

《孙子兵法》中提到“多算胜，少算不胜”。此处的“算”，就是数据挖掘，就是如何利用数据挖掘指导决策行动。毫无疑问，随着大数据的出现，社会治理迎来了难得的历史机遇期。比如，防范化解重大风险是社会治理的重大课题。事实上，有两类事件需要引起特别注意：一类是发生概率小但会造成巨大损失的重大风险事件（“黑天鹅”事件，如“9·11”事件、金融风暴、东南亚海啸等）；另一类是对发生概率高、未来潜在损失巨大的重大风险事件（“灰犀牛”事件）。对这两类重大风险的研判和预警仅靠传统的技术方法显然难以企及。由“事后诸葛”决策模式向“事先预

---

① 徐子沛：《数据之巅》，中信出版社2014年版，第258页。

② 翟云：《大数据时代政府岂能落后》，《人民日报》2015年7月20日。

测”决策模式转型升级迫在眉睫。借助大数据、人工智能等信息技术，将重大风险事件数字化、模型化，通过多源异构大数据耦合汇聚碰撞，挖掘出重大风险事件发展的潜在趋势和一般规律，确保将重大风险发现和化解在萌芽状态。

### （二）当今社会治理转型的新理念

社会治理需求的不断增加推动着社会科学与新兴技术的交叉，数字技术作为一种新的生产要素和治理资源，也逐渐融合进社会治理中。“互联网+”的出现给政府治理和公共事务管理带来了新的机遇和挑战，促使社会治理思维和方式全方位变革，政府与多元社会主体实现合作管理、形成治理合力、共同推动社会进步，成为社会治理转型的新路径。[①]

1. 技术治理

随着信息技术的发展，大数据等数字技术越来越多地服务于政府的社会治理。“互联网+”时代社会治理转型的重要途径是推进社会数字化。如2014年12月31日上海外滩发生的踩踏事件，如果当时将技术治理应用到社会治理中，应用手机、地图等大数据动态监测的方式及时预警，采取紧急预案，就可能会避免事故的发生。在数字化背景下，技术治理已成为基层社会治理的新范式，“数字政府治理”成为一个全新的治理理念与治理方式。

2. 扁平管理

按照管理层次与管理幅度的关系，组织结构有扁平结构和直式结构两种形式。直式结构是管理层次多而管理幅度小的结构，花费的人力、时间和费用多，而扁平结构是管理层次少而管理幅度大的结构，管理人员、所

---

① 任仲文：《互联网+领导干部读本》，人民日报出版社2016年版，第152页。

需时间和费用相对少。因此，新时期社会治理方式需要彻底打破过去层层上报的模式，采用“扁平化”的运作机制，使各种社会事务集中在基层快速解决。

## 二、数据驱动下社会治理创新

### （一）“小网格”发挥“大作用”

高效政府的一个重要特征就是，通过投入较少的资源，精准地执行治理策略，灵活地应对突发事件，提供令绝大多数人满意的服务。“综治网格”在实现扁平化管理的基础上，将数据治理功能与社会治理功能充分集成，已经发展成为基层社会治理的成功模式之一。

1. 小网格提升城市管理“温度”

小网格依托互联网、大数据等现代信息技术，充分挖掘社情民意数据价值，不断优化平台智能化智慧化功能，努力使之成为政府服务和城市管理的“总客服”、企业和群众诉求归集的“总平台”和辅助决策的重要“信息源”，助推政府决策科学化、社会治理精准化、公共服务高效化。如，成都市在整合 84 条市级非紧急救助类服务热线实现 12345“一号通”的基础上，搭建集书记市长信箱、市县乡三级 2641 个领导信箱、市长公开电话等多渠道于一体的全市统一社会诉求受理平台，各级领导干部“一键回应”群众和企业诉求，向诉求人全过程公开办理情况，疑难诉求面对面沟通。2016 年 10 月以来，累计受理诉求 1000 多万件，目前日均受理 1.5 万件、诉求解决率 87.67%、满意率 91.81%。

2. 小网格成为新冠肺炎疫情防控的“定海神针”

2020 年，新冠肺炎疫情突袭。同年 2 月 10 日，习近平总书记在北京调研指导新冠肺炎疫情防控工作时指出：“要运用大数据等手段，加强疫情溯源和监测。”在新冠肺炎疫情防控中，大数据、小网格起到了重要作用，数据要素在各地疫情防控中的“定海神针”作用更加凸显。如，北京最新提出“时空重合”的防控措施，通过大数据分析与确诊患者在同一个时间和空间网格内（通常800米×800米）共同停留过10分钟的人确定为时空交集密接。通过健康码提醒本人，并将其相关信息反馈到街道防疫办，网格员可以传达防疫政策、排查流调、监督居家隔离，服务特殊需求的困难群众，达到疫情防控精细化的目标。

### （二）信用数据助力社会治理

1. 善于“躲猫猫”的“老赖”主动履行义务为哪般?

所谓失信被执行人，指的是被执行人具有履行能力而不履行生效法律文书确定的义务，俗称“老赖”。一直以来，“执行难”是全社会面临的老大难问题，“老赖”拒不履行法律义务，不仅损害了当事人的权益，而且还会诱导他人效仿，使失信行为盛行，给社会带来更大危害。《2021年失信被执行人风险数据报告》显示，我国有失信被执行人592.51万。2020年，全国新增失信被执行人249.84万，同比下降15.6%。2021年，全国新增失信被执行人134.12万，同比下降46.3%（如图4－2所示）。

2. 社会信用体系让“老赖”无处遁形

人无信不立，业无信不兴。如何让善于“躲猫猫”的“老赖”主动履行义务？一方面，要培育全社会主动守法、主动守信的氛围，让“老赖”提高自动守信的道德意识；另一方面，要持续加强社会信用体系建设。

高位推进。一是强化制度和立法，给社会信用提供硬核保障。2014年，国务院印发《社会信用体系建设规划纲要（2014—2020年）》，部署加快建设社会信用体系、构筑诚实守信的经济社会环境。2019年，国务院办公厅

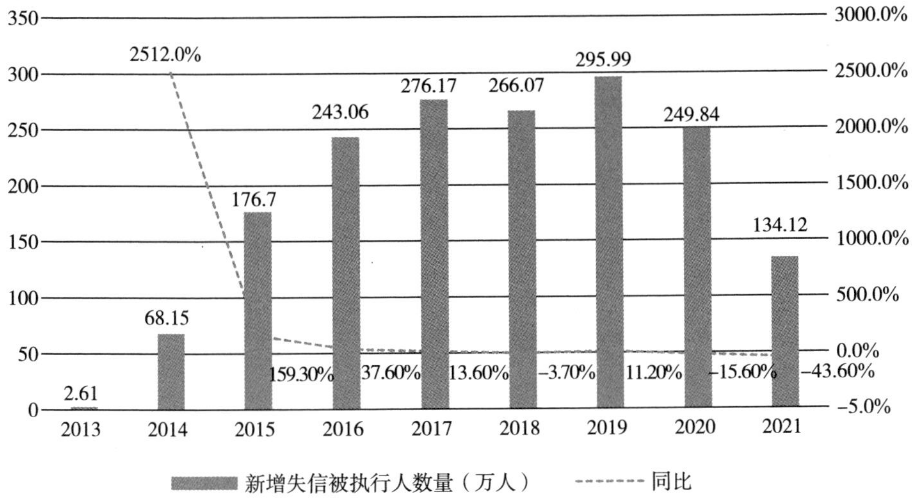


**图 4－2　失信被执行人的增长趋势**

数据来源：企查查。

印发《关于加快推进社会信用体系建设构建以信用为基础的新型监管机制的指导意见》，推动信用信息共享应用，构建以信用为基础、覆盖全生命周期和监管全过程的新型监管机制，为提升政府部门监管效能提供有力支撑。社会信用方面的法律列入全国人大常委会立法规划。据不完全统计，已有 41 部法律、49 部行政法规专门写入信用条款。

联合惩戒。我国以“信用中国”建设为载体，在社会信用体系建设上率先进行探索，并取得了明显成效。建立统一社会信用代码制度，建立健全守信激励和失信惩戒机制，通过信息共享支撑跨部门、跨地区守信联合激励和失信联合惩戒，提升违法违规失信成本，促进市场主体诚信守法经营，营造崇尚诚信的市场环境和社会氛围。《中共中央 国务院关于加快建设全国统一大市场的意见》进一步提出，健全守信激励和失信惩戒机制，将失信惩戒和惩治腐败相结合。

效果显著。近年来，最高人民法院加快社会信用体系建设，建设中国执行信息公开网，公开让社会公众查询信用信息，并主动与市场监管、交通运输等部门共享，与企业登记、出行买票、消费贷款等场景全面对接，让“老赖”上不了火车、当不了股东、贷不了款，在社会上寸步难行。全国“信易贷”平台广泛归集中小企业公共信用信息，推动“政、银、企”信息互通和共享应用。据统计，目前全国信用贷款余额突破33万亿元，其中通过各级“信易贷”平台发放5.3万亿元，占比27.8%。

### （三）从“万码奔腾”到“一码通行”

#### 1.“万码奔腾”带来“断头路”

2020年新冠肺炎疫情伊始，如何解决复工复产带来的人员流动、物流组织和疫情防控要求的人员管控“两难境地”，确保企业复工复产安全，是摆在各地社会治理中的最大难题。杭州首开数字抗疫先河，在全国率先开发上线“杭州健康码”，在疫情防控和复工复产中发挥了不可或缺的作用，为及早实现城市有序复苏、经济社会正常运转打下了坚实基础。

随着杭州健康码逐渐走上正常运行轨道，全国各地积极根据本地实际需要推出本地健康码，于是安康码、渝康码、苏康码、粤康码等不断涌现。形形色色的健康码的出现，对群众交通出行和复工复产的确发挥了重大作用。健康码发展初期仍以“省内通行”为主，虽有部分地区之间实行健康码互认，但从全国层面来看，这种“万码奔腾”的互认互通机制基本缺失，往往一个地方“上了飞机”到了另一个地方“下不了飞机”。健康码给公众的出行带来“断头路”，严重影响着公众出行和人员流动。

#### 2.“一码互认”让出行畅通无阻

疫情防控必须“一盘棋”推动。在此背景下，呼吁健康码全国统一管理也成了不容忽视的公众诉求。2020年2月，国务院办公厅电子政务办基于全国一体化政务服务平台研发全国一体化疫情防控健康码系统，推进健康码全国互认、一码通行、规范赋码，防止和杜绝地方擅自赋码、“层层加码”等现象。

健康码不仅是数字化技术应用的创新，也是社会治理的机制创新，有利于构建共建共治共享新格局。社会治理不只是政府的责任，更是社会各方的责任。碎片化的数据无法有效支持多方主体的共同参与，必须激励社会组织、企业、公众多方参与并加大技术投入和数据资源保障，才能充分挖掘出大数据在应对重大突发公共卫生事件中的潜在价值。

健康码推动着社会治理转型升级。健康码最初由公众自行上网申报，经后台审核生成个人二维码，作为其出入通行的电子凭证。后来，随着信息资源共享和整合不断深入，区块链、大数据、人工智能等数字技术嵌入社会治理全过程，逐渐变为根据个人行程大数据生成的二维码，疫情防控开启了从“被动检测”到“智能感知”的转型升级之路。由于充分调用运营商、交通运输、平台企业、医院药店等多方数据，搭建精细化服务感知、精准化风险识别、网络状行动协作的社会治理大平台，了解了个人“坐了什么车”“去过什么地方”“买过什么药”，健康码也从最初的“扫一扫”“查一查”到后来的主动“弹窗”。近日，数字化促进社会治理现代化进程更加快速推进，各地健康码在全国统一的标准下再次升级，实现了健康码、行程卡、核酸结果的“同屏显示”“多码合一”。

## 第三节　智服：无处不在的政务服务

中央全面深化改革委员会第二十五次会议指出，要把满足人民对美好生活的向往作为数字政府建设的出发点和落脚点，打造泛在可及、智慧便捷、公平普惠的数字化服务体系，让百姓少跑腿、数据多跑路。数字政府建设的一个重要战略任务，就是要全面推进政府运行方式、业务流程和服务模式数字化、智能化，加快推进政务服务标准化、规范化、便利化，为企业和群众提供更便捷、更有温度的服务。政务服务改革已经打造成为政民互动的“平台”、为民服务的“品牌”和优化营商环境的“名片”，将为世界各国政府职能转变和公共服务转型升级提供中国方案。

## 一、让政务服务插上互联网的翅膀

2016 年《政府工作报告》首次提出推进“互联网 + 政务服务”。习近平总书记在 2016 年网络安全和信息化工作座谈会上提出，以信息化推进国家治理体系和治理能力现代化，统筹发展电子政务，构建一体化在线服务平台；他在 2018 年全国网络安全信息化工作会议上进一步提出，构建全流程一体化在线服务平台，更好解决企业和群众反映强烈的办事难、办事慢、办事繁的问题。近年来，各省级政府按照党中央、国务院有关政策部署，加快推动以信息化推进治理体系和治理能力现代化，统筹发展电子政务，积极探索“互联网 + 政务服务”发展新模式。近年来，随着“互联网 + 政务服务”改革持续推进，我国全球电子政务在线政务服务指数排名快速上升（如图 4 – 3 所示）。《2020 联合国电子政务调查报告》显示，我国电子政务排名已升至全球第 9 名，进入全球领先梯队。

### （一）“最多跑一次”跑出加速度

“最多跑一次”是指自然人、法人和非法人组织向行政机关申请办理一件事，申请材料齐全、符合法定形式的，从提出申请到收到办理结果全程只需一次上门或者零上门。

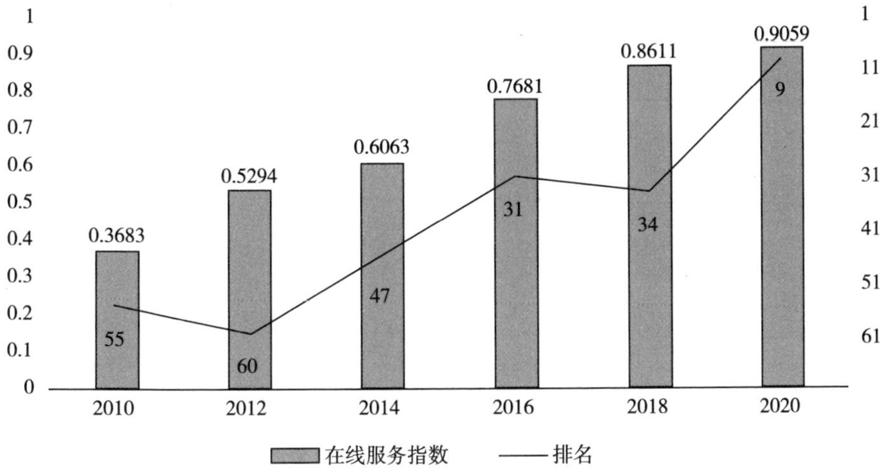


**图 4－3　2010—2020 年我国在线政务服务指数及排名变化**

数据来源：《2020 联合国电子政务调查报告》。

浙江省从 2013 年 11 月开始推行“四张清单一张网”改革，截至 2022 年 6 月，注册用户达 8200 多万，后台工作人员账号超过 90 万，为公众提供综合性、一站式服务。浙江省在深化推进“互联网＋政务服务”过程中倡导“最多跑一次”理念，掀起了涉及整个政府体系和政府运行机制的大变革，打造了更有效率的政务生态系统、更有活力的创业创新生态系统、更有魅力的自然生态系统、更加和谐的社会生态系统，并被党中央、国务院等列为改革试点，在全国形成了示范效应。做好顶层设计是确保“最多跑一次”改革成效的重要保障。浙江省各级政府和省级有关部门主要领导作为第一责任人，有力推动了各项改革任务落地生根。省、市、县三级梳理公布的“最多跑一次”事项数量已分别占同级事项总数的 100%、99.59% 和 99.21%。[①]

① 翟云：《整体政府视角下政府治理模式变革研究——以浙、粤、苏、沪等省级“互联网＋政务服务”为例》，《电子政务》2019 年第 10 期。

## （二）“一网通办”由“盆景”变“风景”

“一网通办”发轫于上海政务服务改革模式创新，被视为从全链条服务平台、双引擎并驾齐驱、全媒体沟通反馈、多主体协同合作四个方面推动数字政府建设的结构要素。[①] 2018 年 4 月，上海市推出了《全面推进“一网通办”加快建设智慧政府工作方案》，加快推进政务服务统一受理平台建设，把面向企业和群众的所有线上线下服务事项，逐步做到一网受理、只跑一次、一次办成。为了全面推进“一网通办”，加快智慧政府建设，2018 年 4 月成立上海市大数据中心。7 月 1 日，“一网通办”总门户在“中国上海”门户网站上线试运行，46 个市级部门、16 个区、220 个街镇网上办事服务入驻，实现了全市通办、全网通办、全覆盖。

激活基层经验，畅通基层探索的毛细血管，与全面深化改革的主动脉贯通，在当下“一网通办”经验和模式探索中得到充分体现，继其被列入 2019 年《政府工作报告》后，迅速在全国各地全面铺开。山东省日照市成立由市委书记和市长任双组长的数字强市建设领导小组，组建数字日照暨新型智慧城市专家咨询委员会，编制一揽子政策文件。数字化智能化倒逼党委、政府内部运行更加趋向一体化、扁平化，也使得越来越多的事项，由“线下”搬到“线上”，由“人办”转为“机办”，由“跑多次”变为“跑一次”、“零跑腿”，大幅提升了治理服务效能，有效降低了企业的制度性交易成本和群众办事的时间成本、经济成本（如图 4－4 所示）。群众在这些变化中切实感受到了数字化改革带来的红利，获得感、幸福感明显增强，在山东省组织的群众满意度调查中日照市已经连续两年位居全省第 2 位。

---

① 谭必勇、刘芮：《数字政府建设的理论逻辑与结构要素——基于上海市“一网通办”的实践与探索》，《电子政务》2020 年第 8 期。

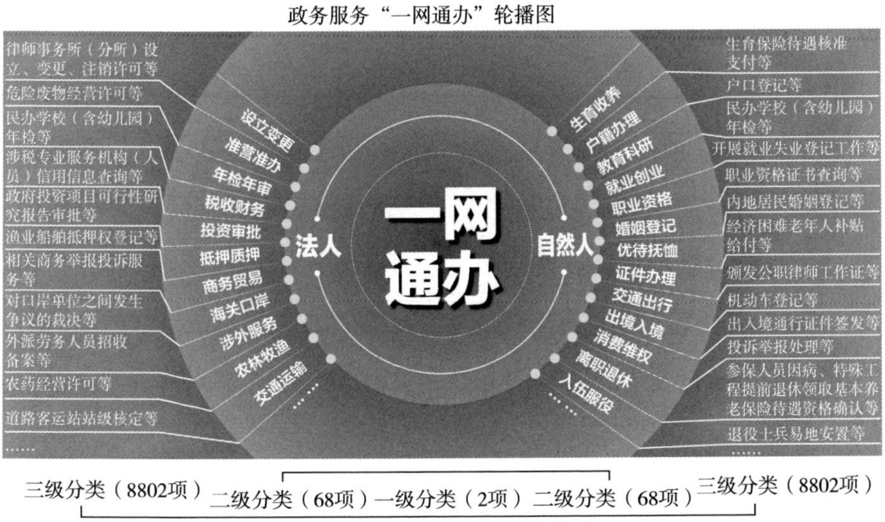


**图 4－4　山东日照“一网通办”整体改革思路**

### （三）“跨省通办”打通断头路

政务服务“跨省通办”改革是党中央、国务院作出的重大改革部署，是加快各类要素自由流动、建立全国统一大市场的“牛鼻子”，对提升国家治理体系和治理能力现代化水平具有重要作用。国务院有关部门、地方政府以数字化变革为动力，通过完善体制、协同创新、跨区域联动汇聚改革合力，逐步形成推进政务服务“跨省通办”改革三种主要运行模式。

1. 中央主导模式

该模式由党中央、国务院作出总体部署、提出明确要求，以国家政务服务平台为牵引，聚焦国家重大战略和企业、群众实际需求，各地按照党中央、国务院部署和要求推进。2020 年，国务院办公厅出台《关于加快推进政务服务“跨省通办”的指导意见》，发布 140 个“跨省通办”事项。国家政务服务平台“跨省通办”服务专区已上线运行，初步实现第一批可网上办理事项的“跨省通办”。

2. 地方“结盟”模式

该模式以地方自发联动为主要特点，特别是地理位置临近、经济社会一体化程度较高的区域联合起来，推动政务服务事项统一标准、统一平台办理。“京津冀 + 雄安”、西南五省（市、区）、长三角地区三省一市、粤港澳大湾区等区域政务服务“跨省通办”采用了这种模式。

3. 社会助推模式

该模式由第三方机构利用技术优势推动有关地方政府实行“跨省通办”，以承接“跨省通办”中“省里做不了，国家不必做”的工作。如，建行充分发挥网点、人员、安全优势，推动西南五省份政务服务“跨省通办”。

## 延伸阅读

### “跨省通办”“全程网办”给特殊困难群体送温暖

习近平总书记指出，残疾人是一个特殊困难的群体，需要格外关心、格外关注。我国现有残疾人超 8500 万人，自 2016 年残疾人两项补贴制度建立以来，已惠及 1200 万名困难残疾人、1500 多万名重度残疾人。越来越多残疾人因外出务工、投靠亲友、长期就医等原因，常年不在户籍地生活，残疾状况较重的残疾人也不便线下办理，对残疾人两项补贴申请“跨省通办”“全程网办”提出迫切需求。2021 年 4 月，民政部正式实施残疾人两项补贴资格认定申请“跨省通办”。从 2022 年 5 月 15 日起，在全国范围内实行残疾人两项补贴申请“全程网办”，截至 5 月 19 日，已接收残疾人两项补贴申请“全程网办”1400 余人次，极大提高了残疾人的幸福感、满意度、获得感。

### （四）推动“一业一证”，办好“一件事”

“一业一证”改革，指优化行业准入业务流程，将市场主体进入特定行业经营涉及的多张许可证整合为一张“行业综合许可证”，实现“一证准营”。“一业一证”改革率先在上海浦东新区落地。2020 年 11 月 11 日，国务院常务会议审议通过浦东新区“一业一证”改革试点总体方案，明确首批 31 个试点行业，将浦东的自主创新上升为国家级改革试点。“一业一证”改革核心内容包括：

1. “六个一”流程再造

一是再造行业管理架构，实现“一帽牵头”；二是再造审批指引方式，实现“一键导航”；三是再造行业审批条件，实现“一单告知”；四是再造审批申报方式，实现“一表申请”；五是再造许可审核程序，实现“一标核准”；六是再造行业准入方式，实现“一证准营”。

2. 两个维度“照后减证”

一方面在一个部门内部减证，即对一个部门内同一行业涉及的多个审批事项优化合并为一个审批事项；另一方面在多个部门之间减证，对一个行业准营涉及的多个部门许可证“归并整合”为一张“行业综合许可证”。

3. 线上线下流程改革的融合

线上依托一网通办，优化调整功能细节，推行关联式一键导航，通过智能问答，进行企业办事主题“一次全告知”，提供精细化、个性化、关联化服务，实现“不见面审批”。线下依托单窗通办，实现一口收件、协同审批、一口发证，完成线下一体化业务流转，压减了审批时限（如表 4 – 5 所示）。

表 4－2　审批时限对比

| | 便利店（工作日） | 体育健身场馆（工作日） | 宾馆（工作日） | 饭店（工作日） | 小餐饮（工作日） | 现制现售小商铺（工作日） | 烘焙店/面包房（工作日） | 咖啡馆/茶馆（工作日） | 酒吧（工作日） | 药店（工作日） |
|---|---|---|---|---|---|---|---|---|---|---|
| 改革前（法定时限） | 95 | 53 | 93 | 63 | 63 | 63 | 63 | 63 | 63 | 143 |
| 改革前（承诺时限） | 38 | 13 | 35 | 36 | 36 | 36 | 36 | 36 | 36 | 115 |
| 改革后 | 5 | 5 | 12 | 12 | 12 | 12 | 12 | 5 | 5 | 15 |

## 二、打造有温度的政务服务

### （一）“人找服务”变“服务找人”

2022 年 6 月 1 日，国务院常务会议指出，大力推进政策“非申即享”。这就意味着，要加快实现“人找服务”变“服务找人”，基于数据共享及数据分析，设立个人空间和企业空间，智能客服通过多渠道推送需办理业务办事指南，完善推送反馈机制，提升推送精准度，变“被动服务”为“主动服务”。

解决政策服务供需不平衡的难题的基本路径是实现政策服务的数字化。要充分发挥人工智能、大数据赋能作用，以数字化融合政策制定、触达兑现和监管反馈各环节，搭建标准化管理、科学化决策、智能化展示、主动化服务、普惠化兑现的数字政策服务生态体系。

1. 创新政策标准化管理方法，实现政策精准“画像”

以政策适用对象和使用条件为目标，形成系统化的四级政策标签体系。政策标签应涵盖用户职业、人群、人生阶段以及企业规模、分类、全生命周期等各种类型。对应适用对象、行业、主题、专题等四大维度，对政策文件从适用对象、适用范围、申请条件、政策时效等角度，按照事项要素进行最小颗粒度的标签化处理。

2. 创新一体化、智能化管理，实现政策全覆盖

根据政策管理标准化知识体系，建成政策管理的生产系统。重点以人工智能技术应用，支持各部门对政策文件进行最小颗粒度标准化梳理和标签处理。根据企业发展不同领域、所处不同行业等客观需求，以及群众不同人群、全生命周期不同阶段面临的各类需求，可获取系统精准推送的个性化政策服务。

### （二）从“摇篮”到“坟墓”的服务

1. 何为从“摇篮”到“坟墓”的服务？

由“摇篮”到“坟墓”的服务，起源于新加坡在线政务服务改革。在新加坡，政府通过设立“电子公民中心”将所有能以在线方式提供的公共服务整合在一起，并通过在线政务服务提供给全体民众。实际上，“电子公民中心”是一个建立在数字空间中的虚拟社区，将一个人从“摇篮”到“坟墓”的人生过程划分为 9 个“驿站”，可在线获得 25 个政府部门的 600 多项在线政务服务。

在我国语境中，“摇篮”到“坟墓”的服务即为企业和群众提供全生命周期的政务服务。围绕个人和法人的两个生命周期，以用户视角为导向，场景应用为牵引，重构政府内部流程，将关联性强、办事需求大、办理频率高的“单事项”集成为具体场景，开展业务流程再造、数据资源共享，推行事项、流程、政策、服务集成化改革，形成改革聚合效应，实现“一次告知、一表申请、一套材料、一窗受理、一网办理、一口发证”，切实提高企业和群众办事便利度，打造更具效率、更有温度的全场景政务服务。

2. 地方实践探索

随着数字化改革的深入推进，全生命周期服务改革在全国遍地开花。

“浙里办”作为群众企业办事的总入口，综合集成全省政务服务事项与便民惠企服务，从疫情防控到日常生活，从民生小事到家企大事，均可“掌上办、网上办、一站办”。截至目前，“浙里办”汇聚“城乡居民基本养老保险参保登记”等全省统一的3638项申请政务服务事项、“健康码”等1500项便民惠企应用、“企业开办”等40件多部门联办“一件事”，推出驾驶证等290余本高频电子证照，群众企业获得感、认同感持续提升。浙江省全生命周期服务改革主要经验可归纳为四点。

第一，强化平台支撑，推动政务服务“一网通办”。围绕个人从出生到死亡、法人从准入到退出两个全生命周期，推动全省政务服务事项标准化，实现省、市、县三级统一办事指南、统一办理流程、统一表单材料，线上线下无差别受理、同标准办理。

第二，聚焦业务协同，推行多部门联办“一件事”。通过场景导服智能化、服务路由精准化、部门协同敏捷化，支持一口子收件、一平台流转、多系统联办，实现多部门联办“一件事”“一表申请、一套材料、一次提交、一次办结”，切实推动群众企业办事由“找属地”、“找部门”转为“找政府”。

第三，突出示范引领，推动便民惠企服务应用创新。围绕群众企业最关心、最常办的事项，特别是老年人、残疾人等特殊群体的特殊需求，积极推动政务服务应用创新，全面增强群众企业办事获得感。推出“疫情防控”“长者关怀”“助残服务”等46个主题服务专区，汇聚跨部门、跨层级的政务服务事项与便民惠企应用，支持“掌上办、网上办、一站办”。

第四，推动制度重塑，赋能基层线上线下融合。构建“掌办优先、网办为辅、窗口兜底”的政务服务新格局，积极推动行政服务中心运行机制改革，深化线上线下融合，引导群众企业办事由“窗口办”转向“掌上办”、“网上办”、“自助办”，引领窗口工作模式由“面对面”转向“肩并肩”、“代办”转向“协办”。

### （三）打造“无证明”政务环境

1. “无证明”政务服务的缘起

长期以来，各种“奇葩证明”“重复证明”“循环证明”层出不穷，不仅增加了职能部门负担，降低了办事效率，也让群众“磨破嘴、跑断腿”。李克强总理在国务院常务会议上也曾痛斥道：“‘你妈是你妈’，这怎么证明呢？简直是笑话。”为切实解决企业和群众办事难的问题，全国各地深入开展简政放权、放管结合、转变政府职能的改革，通过直接取消、告知承诺等方式，证明材料基本实现“应减尽减”，但对于大量必须要证明的内容，以及法律法规要求的材料，仍需反复提交，这与企业和群众的期盼相比还存在差距。

以大数据、人工智能、5G 通信为代表的新一代信息技术飞速发展，为政府提升民生服务的精细化和个性化水平提供了全新的路径。近年来，全国各地不断加快推进数字政府建设，将数字技术广泛应用于政府管理服务，通过加强数据共享、推广应用电子证照，不断优化服务流程，压减企业和群众办事所需提交的材料。全国很多地方创新性地提出了“无证明”的工作目标，其实“无证明”不是不需要证明，而是主要依托数字政府，通过证照证明电子化和数据共享，让百姓少跑腿、数据多跑路，实现企业和群众办事时免于提交或无须重复提交相关的纸质证照证明材料。

2. 牵住“无证明”改革的“牛鼻子”

从各地实践看，推进“无证明”工作是一项系统工程，需要多向发力、多措并举，主要实现路径包括直接取消、告知承诺、电子证照数据共享等。据统计，电子证照的共享应用对“无证明”服务的贡献度占比达到 60% 左右，其在推动“无证明”改革、推进数字政府建设等方面发挥着重要的支撑保障作用。因此，“无证明”改革要取得实实在在的成效，就必须抓住电子证照应用这个“牛鼻子”。

目前，电子证照还存在标准规范不健全、互通互认机制不完善、共享服务体系不完备、应用场景不丰富等突出问题。推进“无证明”改革过程中要着重在围绕个人和企业办事场景，扩大电子证照应用领域，推动电子证照跨区域互通互认，全面提升电子证照应用支撑能力等方面下功夫，实现更多政务服务事项“网上办、掌上办、一次办”，进一步助力深化“放管服”改革和优化营商环境。

3. 山东“无证明之省”改革探索

山东省结合本地发展实际，全面探索“无证明之省”改革，以强化电子证照数据共享，实现以“免证办”为牵引，结合扩大直接取消和告知承诺范围、加强码证关联、应用大数据精准分析等，全方位推进“无证明”办事，取得显著成效。其主要经验有如下三个方面。

第一，压减办事流程是基础。通过推动政务服务流程再造，深化“一网通办”“一次办好”，证明事项大幅压减。比如，在生育方面，将出生医学证明开具、落户、疫苗接种、医保办理等 8 件关联事项整合成“生育一件事”，由原来的填报 11 张表单、52 份材料减少至 1 张表单、4 份材料，办理时限从 4. 5 天压缩至 3 分钟。

第二，拓展办事场景是关键。通过深化电子证照应用，在政务服务、行政执法和社会生活等各领域打造了一批“无证明办理”事项，实现了“免证办事”“一码通行”。全省电子证照年累计应用 2. 4 亿余次。

第三，深化“掌上办”“精准办”是保障。依托“爱山东”移动政务服务平台以及省一体化大数据平台，政务服务事项掌上办理率进一步提升，办事周期进一步缩短。比如，在教育入学方面，通过对户籍、不动产登记、营业执照、社保缴纳证明等数据的共享应用，实现义务教育入学报名“网上办、掌上办”，压缩入学手续办理时间一半以上，惠及260余万个学生家庭。

## 三、打通政务服务“最后一公里”

### （一）“好差评”擦亮“明镜”暖人心

政府不能自拉自唱，必须由企业和群众说了算。政务服务“好差评”作为优化政务服务的一剂良药，如同悬挂在政务服务部门头顶上的“达摩克利斯之剑”，有助于倒逼政府部门按“本分”做好服务。①

1. 从“政府自评”到“大众点评”

一是重塑服务理念。企业和群众对政府自身建设提出了更多、更高的期许，要把满足人民对美好生活的向往作为数字政府建设的出发点和落脚点。二是实现评价主体的转型。政府工作不能“自拉自唱”，自己给自己“唱赞歌”，企业和群众作为政务服务的“消费者”，为好的政务服务“点赞”，为差的政务服务“亮红牌”，倒逼在线政务服务的水平和质量持续提升。

2. 从“建设为主”到“评建结合”

重点对在线政务服务平台建设的经济性、规范性、效率性开展评价，进一步提高政务服务在线供给的规范化、集约化管理水平。要强化媒体监督，发挥媒体监督“以评促评、以评促建”的作用。建立长效的评价机制，还需要明确企业和群众参与政务服务“好差评”的定位、建立及时高效的信息沟通机制和回应机制。

3. 从“单一评价”到“立体评价”

一是在线政务服务“好差评”评价体系要以政府为主导、企业和群众

---

① 翟云：《政务服务“好差评”制度：政策意蕴、理论阐释与路径建构》，《行政管理改革》2020年第3期。

为主体。政府的“导”要体现在如何使企业和群众更方便、更准确参与事项评价和意见反馈。二是评价体系要明晰地体现出多元参与的评价导向。既要侧重从服务方式完备度、服务事项覆盖度、办事指南准确度、在线服务成熟度等供给侧角度进行评估，又要从需求侧考虑方便企业和群众办事的真实需求。

4. 从“模糊评价”到“精准评价”

一是推动所有政务服务事项评价全覆盖。凡“上网”必“评价”，是实现精准评价的前提。二是要提升办事企业和群众网上点评的信息化能力和保障机制。确保评价信息原汁原味反映办事的“好”或“差”，要“差”得清楚，“好”得明白。三是构建在线政务服务“好差评”的新模式。四是要注重评价结果的应用。将政务服务“好差评”结果反馈到政府部门施政履职过程中，倒逼政府机构职能转变。

### （二）“互联网+督查”让人民监督更有效

1. 开通群众监督直通车

2019 年 4 月，国务院办公厅设立国务院“互联网+督查”平台，用于向社会征集问题线索或意见建议，各地区的社会公众均可以通过网站或小程序登录平台以表达自己的意愿或反映相关问题。根据 2019 年《政府工作报告》提出的工作安排，该平台的设立旨在推动党中央、国务院重大决策部署贯彻落实，便捷回应群众关切，减轻基层负担。从应用成效来看，截至 2021 年 4 月，该平台推动解决的实际问题累计 10 万余个，相关留言数量以千万起计，访问量则更是达到了上亿次。① 可以说，国务院“互联

① 《“以人民为中心”建立常态化督查新格局 推进政府治理能力现代化建设——国务院“互联网+督查”实施两年来工作综述》，中国政府网，http：//www.gov.cn/xinwen/2021-04/25/content_5602082.htm。

网 + 督查”平台目前已经成为国内覆盖面最广、影响力最大、社会参与度最高的互联网政务监督平台。它有效地缓解了多层级政府中的信息失真问题，让治理盲区“无所遁形”，让社情民意“上达天听”。

2. 从群众中来，到群众中去

问政于民方知得失，问计于民方知虚实。国务院“互联网 + 督查”平台自成立以来始终坚持以人民为中心，察民意、解民忧，有效地排查、解决了政策落地过程中所存在的问题，打通了政务服务的“最后一公里”。

一是建立常态化督查新格局。对于一般重要的问题线索，该平台采取网上转办的方式，督促地方和部门在规定时限内核查办理并通过平台报送核查结果。对于具备远程核查条件的问题线索，平台则通过网络检索、在线访谈、线上取证、远程调阅和视频连线等方式开展远程督查。对于重要的典型问题线索，平台将转报国务院督察室并由其派出督查组直奔一线进行实地督查。这种目标精准、讲究实效、穿透性强的新型督查模式，减少了不必要的中间环节，极大地提升了政府监督效能。

二是“督帮结合”办实事。所谓“督帮结合”，就是督查与协助两手抓，切实解决民生问题。以西部某县为例，该县居民通过平台反映县里引进的“饮水工程”已有一年多无法供水，督查组经现场调查后发现是当地在修建高速公路时把“饮水工程”的水源挖断了。督查人员立即协调联系当地政府及高速公路项目建设方和施工方，仅用 1 天时间就与居民们共同商量出来应急供水、寻找新水源、建设临时取水设施、分片区调节供水的办法，顺利地帮助群众解决了问题。

三是以点带面地撬动改革。在平台的督查下，地方政府常常会举一反三地全面清理相关问题。以西南某市为例，该市居民通过平台反映当地企业在办理外迁业务时相关手续极其烦琐，平台随后将该情况转交地方政府核查办理。当地政府迅速针对督查所反映的问题进行整改，如明确牵头单位、减少审核环节、规范办理时限等。由此可见，“互联网+督查”还具有以点带面地撬动改革堵点的重要作用。

## 第四节　智管：从“人盯”到“数管”，让监管看得见

### 一、数字化催生市场监管新模式

#### （一）数据时代对市场监管的挑战

随着经济社会的不断发展，市场监管被赋予了新的内涵，既要实现对市场秩序的经济型监管，也要实现对食品、药品等的社会型监管。同时，在全面走向数字时代的进程中，传统监管方式和手段面临着新挑战。

1. 数字技术发展加剧市场秩序复杂化

截至2022年5月底，全国有各类市场主体1.5亿户，监管客体海量增加。互联网、大数据、人工智能等信息技术在经济领域广泛运用，使市场主体、市场行为、市场秩序的内涵和外延发生显著改变，加大了监管的难度。

2. 监管手段滞后与任务繁重的矛盾凸现

随着电子商务、数字经济等现代经济的发展，新型市场主体、新的交易行为、新的竞争行为等不断涌现，一些领域新的市场秩序问题与旧的问题交织，一些延续性问题与新的问题叠加，市场监管不断面对各种新问题、新挑战。

3. 时代发展需要市场监管实现现代化

经济和科技发展水平决定市场监管的机制、方式和手段，只有不断加强现代科技信息技术在市场监管领域的广泛应用，才能适应市场秩序的新

变化、新常态，才能实现有为的监管、有效的监管。信息时代下市场监管不同于过去的管理，需要实施靶向精准监管，才能提高市场监管效能。

### （二）数字化技术赋能智慧监管

1. 何谓智慧监管？

智慧监管就是以云计算、大数据、互联网等信息技术为基础，通过人工与智能的有机结合，实现监管业务与信息技术的高度融合，让监管全业务各功能的运转更加协调和通畅，让监管资源的分配更加合理和充分，让监管工作更加便捷和高效，让监管更加公正、实时、精准。

2. 智慧监管的实现基础

智慧监管的基础是信息技术，离开了信息技术这个支撑，智慧监管就成了无源之水、无本之木。智慧来源于知识，知识产生于信息，如果监管信息不对称、监管知识不全面、监管业务不融合，就谈不上智慧监管。人工与智能的融合，主要体现在智慧监管要把市场监管理念、监管目标任务、法律法规监管要求等寓于其中，通过建立一整套严密的工作机制，在具体程序、环节、过程中使用“人机协同”、用机器替代人工的“人海战术”，实现用数字说话、用信息管理、用数据决策。

### （三）智慧监管对传统监管的全面超越

智慧监管是数字化时代的产物，是对传统市场监管的理论创新与技术超越，是在综合运用数字技术等监管科技基础上，对传统监管机制的颠覆性革新。与传统监管相比，智慧监管具有四个主要特点。

1. 智能化监管

公平竞争是市场经济的核心，公正监管是公平竞争的保障。单靠人工的监管模式难免出现监管重复、监管漏洞、监管腐败、监管不公正等问题，通过“人机交互”的智慧监管，辅助监管人员改变过去依赖经验和直觉进行监管的思维习惯，进一步强化法治、公平、责任意识，减少人为感情因素的干扰，从而实现对市场主体的公正监管。

2. 精准化监管

市场主体多样化，经营行为差异化，决定了监管部门必须合理配置监管力量，腾出更多精力对违法行为实施精准打击。智慧监管具有“机器学习”的特性，通过对海量数据的充分汇聚、多重关联，加强对市场行为的预警和研判，实现对重点领域、重点企业的精准监管，做到对违法者“有案必查”、对守法者“无事不扰”，使监管更加“精准”。

3. 动态化监管

市场主体的违法行为查处具有一定的时效性，监管部门能否在第一时间发现问题、启动响应、妥善处理、形成威慑，是市场监管和行政执法的重要保障。智慧监管依托大数据、人工智能等技术，详细刻画企业的全景多维画像，实时监控企业的行为，及时发现企业的违法线索，实现对企业的实时动态监管。

4. 社会共治

人民群众是智慧的源泉。智慧监管通过调动社会各方积极性，提高全社会参与度，让各级监管部门尤其是广大基层干部参与到监管中来，让广大的市场主体和社会群众参与到监管中来，集全系统、全社会的智慧，实现对市场主体的社会共治。

## 二、大数据纠正市场运行失灵

### （一）大数据下的市场风险管理

1. 什么是风险管理？

从概念上讲，市场监管指的是政府依据规则对市场行为主体进行引导和限制，其目的是纠正市场失灵。对市场监管部门来说，大数据下的市场风险管理就是要引入数字新技术、新理念，加强风险研判和预测预警，及时发现防范苗头性和跨行业、跨区域风险，对潜在风险较大、涉及群众利益的领域开展重点监管。随着互联网技术不断发展，整个社会快速发展，传统的风险管理方式已逐渐不能支撑监管的需求；而大数据对多维度、大量数据的智能处理，更能适应信息时代风险管理的形势发展。

2. 应用大数据加强风险管理

早在2015年，为充分运用大数据先进理念、技术和资源加强对市场主体的服务和监管，国务院办公厅印发了《关于运用大数据加强对市场主体服务和监管的若干意见》，要求充分运用大数据技术，改进经济运行监测预测和风险预警，并及时向社会发布相关信息，合理引导市场预期。比如，原工商总局从宏观视角整合各业务系统功能，归集在线采集、消费投诉、日常检查、网络舆情等全链条大数据，构建实时监测、风险预警、信息公示“三位一体”的“全国一张网”，用“机器换人”方式有力提升线索发现能力和监管精准度，让“人少事多”等一系列难题得到有效破解。

3. 实现“对监管的监管”

近年来，国务院办公厅大力推进国家“互联网+监管”系统建设，主要联通、汇聚全国重要监管系统和数据，加强跨部门、跨区域、跨层级风险预警，完善信息共享、协同监管和联合惩戒机制，强化“对监管的监管”。应用大数据不断加强食品药品和特种设备、产品质量的安全监管，开展网络交易、广告监测等线上线下动态监测，深化拓展数据资源应用，强化风险监测、预警和防范，提高事前预防、事中监管和事后处置能力，为辅助领导决策及开展精准监管、分类监管、重点监管提供智力支持。

## （二）互联网重塑市场监管机制

### 1. 十个“大盖帽”为何管不好一个“破草帽”？

目前我国监管机制主要以行业部门监管为主，各行业主管部门按照国家的法律法规和部门规章，根据“三定”方案职责，对监管对象进行日常监管，跨地区的监管需要在本部门内协调。监管业务模式具体分为：分段监管，具体包括研制、生产、流通、消费等环节；分事项监管，可以是许可审批、检查抽查、监督执法、行政处罚等工作；分品种监管，根据风险程度将产品区分为普通商品、重要工业产品、进口商品、食品药品、特种设备等，不同商品和服务采取不同监管措施。

传统的监管方式是各个部门各自管理，网络不联通、信息不共享，可谓“九龙治水”“各自为政”。国家部门对地方部门具有监管指导职能，各上级部门对下级部门具有业务指导关系。目前除海关、税务、银保监等少数垂直管理的部门外，绝大多数监管事项主要由地方各级监管部门负责。监管职能横纵交错，给跨部门、跨层级、跨业务的监管行为带来了较大困难。

### 2. 构建新型监管机制

党的十九届三中全会通过《深化党和国家机构改革方案》，将国家工商行政管理总局的职责、国家质量监督检验检疫总局的职责、国家食品药品监督管理总局的职责、国家发展和改革委员会的价格监督检查与反垄断执法职责、商务部的经营者集中反垄断执法以及国务院反垄断委员会办公室等职责整合，组建国家市场监督管理总局。按照新的“三定”方案，市场监管总局作为市场监管的综合监管部门，国务院其他部门是市场监管的行业监管部门。

深化机构改革是为政府职能转变和履行职能提供组织保障，势必会涉及体制调整和机制重建。数字政府建设使信息的传输更加便捷，各地区、各部门通过监管信息的归集、推送，探索开展应用大数据监管、跨部门协同监管，不断完善优化市场监管机制。“十四五”规划更是明确将“互联网＋监管”作为基本手段，提出健全以“双随机、一公开”监管和“互联网＋监管”为基本手段、以重点监管为补充、以信用监管为基础的新型监管机制，推进线上线下一体化监管。

## 三、“数”有作为：让监管更精准

### （一）人工智能在市场监管中大显身手

由于“信息不对称”，过去常常是事前无法管，出了事再管。现在我们可以借助人工智能等技术手段，将监管的关口前移，将更多的信息公开，达到信息对称、沟通通畅之后很多监管难题也就迎刃而解。

1. “明厨亮灶”保障食品安全

校园食品安全是社会关注的热点，也是监管的难点。为加强校园食品安全监管，市场监管部门和教育部门通过推行学校食堂“互联网＋明厨亮灶”工程，为师生“舌尖上的安全”筑牢防线。通过视频技术手段，将食品原料追溯、现场操作过程、企业证照信息、从业人员健康状况、监管信息等内容通过互联网、手机 App 等形式，实时向社会公众展示；监管部门和群众在线监督，督促餐饮服务者加强食品安全管理。监管人员还可通过该平台，对后厨存在的不规范操作进行随时提醒、随时监督、随时锁定证据，让监管手段更加丰富，有效发挥“千里眼”作用，提高监督效率和威慑力。

2. 产品追溯实现全链条监管

建立产品质量追溯可以让监管部门更加方便地进行产品监督，但在过去一直未能广泛应用，主要是受限于技术突破，会增加很多人力成本导致无法很好实施。但随着物联网、射频、图像识别等信息技术的成熟，很容易形成对产品来源可查、去向可追、责任可究的信息链条，方便监管部门监管和社会公众查询。如，厦门市在全国率先探索食品安全互联网追溯监管，基本形成了食品、食用农产品生产流通“源头可溯、去向可追、风险可控、公众参与”的追溯链，有效破解食用农产品追溯难题。国家药监局会同国家卫生健康委员会已建设疫苗信息化追溯体系，基本实现了对上市疫苗的全程追溯管理，加强了疫苗的全链条监管。

### （二）风险分类炼就“火眼金睛”

#### 1. 平均用力和分级分类

市场经济首先是信用经济。市场监管在传统信用监管的模式下并不能区分出监管对象的等级，对每个市场主体的监管都是平均用力，表现在每年都要通过“双随机、一公开”方式抽查不少于 5% 的市场主体。但是，随着“放管服”改革和商事制度改革深入推进，市场准入门槛降低，市场主体数量快速增长，但监管资源有限，这种平均用力的监管模式往往会造成监管资源的浪费，监管效能也会大大减弱。今天，由于我们建设了国家企业信用信息公示系统、全国信用信息共享交换平台，掌握了市场主体全部的信用信息，可以充分运用大数据推进企业信用风险分类管理创新与应用，针对不同风险等级、信用水平的检查对象采取差异化分类监管措施。

#### 2. 分级分类让监管尝到甜头

2018 年北京市进行了探索和尝试，建设了包含企业全景、行业群体监测、重点行为监测等模块的企业风洞平台，通过采集、整合互联网、政府部门信息等数据和企业经营活动轨迹数据，对企业“是谁、在哪、在干什么”进行实时监测，同时解决了在海量数据中“先监管谁、重点监管谁”

的问题，构建了能够提前感知潜在风险并有效引导监管方向的指标体系，为实施精准化、差异化监管提供了有力支撑。

市场监管总局建立了全国企业信用风险分类系统，组织开展试点试用。在试点地区依据企业风险等级按比例抽取全省14165户企业，根据抽检结果，发现高风险、中高风险企业问题发现率分别高达83%和52%，这样既保证必要的抽查覆盖面和一定的监管效果，又防止任意检查打扰市场主体。2022年初经国务院同意印发的《关于推进企业信用风险分类管理进一步提升监管效能的意见》要求在市场监管系统全面推进企业信用风险分类管理，在全国各级市场监管部门开展“双随机、一公开”检查中应用，从而进一步优化监管资源配置，提升监管效能。

# 第五章

# 激发数据要素活力

政务数据是国家行政机构在履行公共管理职责过程中产生或者获取的数据。[①] 由于政务数据具有极高的基础性和完整性等特征，再加上新一代数字化技术的赋能，其社会价值以及经开发利用后的经济价值得以凸显。早在2004年出台的《中共中央办公厅、国务院办公厅关于加强信息资源开发利用工作的若干意见》提出"高度重视信息资源开发利用对促进经济社会发展的重要作用"。2015年8月，国务院印发《促进大数据发展行动纲要》，随后，国家发展改革委办公厅印发《关于组织实施促进大数据发展重大工程的通知》，重点支持大数据共享开放，探索构建国家数据中心体系，从而优化公共资源配置和提升公共服务水平。2020年3月，《中共中央 国务院关于构建更加完善的要素市场化配置体制机制的意见》印发，该文件明确将数据作为继土地、劳动力、资本和技术后的第五大生产要素，并提出加快培育数据要素市场。这是国家站在战略全局的高度，着眼推动政务数据共享开放和开发利用，实现政务数据高效治理的重大战略决策。

## 第一节　推动政务数据有序共享

### 一、国内数据资源管理机构改革进展

党的十九大报告中提出，深化机构和行政体制改革；统筹考虑各类机

① 叶战备：《政务数据治理的现实推进及其协同逻辑——以N市为例》，《中国行政管理》2021年第6期。

构设置，科学配置党政部门及内设机构权力、明确职责。2018 年，十三届全国人大一次会议表决通过关于国务院机构改革方案的决定，第八轮机构改革大幕拉开。此次机构改革的一大亮点是，伴随着数字化转型速度加快，一大批地方数据资源管理机构陆续成立。弄清楚我国地方数据管理机构设置现状，对进一步完善我国数据治理体系，加速政府数字化转型至关重要。

当前，各地数据资源管理机构改革大致分为两种思路，一是在省级层面设立数据资源管理的政府工作部门，二是在省级层面设立数据资源管理的政府直属事业单位。

### （一）省级数据资源管理部门

截至 2022 年 6 月，我国共有 11 个省份（直辖市、自治区，下同）设立省级数据资源管理的政府工作部门，分别是重庆、吉林、山东、河南、安徽、贵州、浙江、广东、广西、福建和海南。此类数据资源管理机构多以“大数据管理局”或“大数据发展管理局”等命名。从性质来看，有 8 个省份的数据管理部门为省政府直接组成部门，3 个为省政府办公厅或省发展改革委的部门管理机构；从级别上来看，有 8 个省份的数据管理部门为正厅级，3 个为副厅级；从业务上来看，有 9 个省份的数据管理部门为专门的数据管理部门，2 个为数据管理与政务服务相结合的部门，分别是广东省政务服务数据管理局和吉林省政务服务和数字化建设管理局（如表 5 – 1 所示）。

**表 5 – 1　我国省级数据管理政府工作部门设置情况（截至 2022 年 6 月）**

| 序号 | 省份 | 部门名称 | 部门性质 | | 部门级别 | | 部门业务 | |
|---|---|---|---|---|---|---|---|---|
| | | | 省直部门 | 归属某省直部门 | 正厅级 | 副厅级 | 数据管理 | 数据管理与政务服务结合 |
| 1 | 重庆 | 重庆市大数据应用发展管理局 | √ | | √ | | √ | |

续 表

| 序号 | 省份 | 部门名称 | 部门性质 | | 部门级别 | | 部门业务 | |
|---|---|---|---|---|---|---|---|---|
| | | | 省直部门 | 归属某省直部门 | 正厅级 | 副厅级 | 数据管理 | 数据管理与政务服务结合 |
| 2 | 吉林 | 吉林省政务服务和数字化建设管理局 | √ | | √ | | | √ |
| 3 | 山东 | 山东省大数据局 | √ | | √ | | √ | |
| 4 | 河南 | 河南省大数据管理局 | | √ | | √ | √ | |
| 5 | 安徽 | 安徽省数据资源管理局 | √ | | √ | | √ | |
| 6 | 贵州 | 贵州省大数据发展管理局 | √ | | √ | | √ | |
| 7 | 浙江 | 浙江省大数据发展管理局 | √ | | √ | | √ | |
| 8 | 广东 | 广东省政务服务数据管理局 | | √ | | √ | | √ |
| 9 | 广西 | 广西壮族自治区大数据发展局 | √ | | √ | | √ | |
| 10 | 福建 | 福建省大数据管理局 | | √ | | √ | √ | |
| 11 | 海南 | 海南省大数据管理局 | √ | | √ | | √ | |
| 计数（个） | | | 8 | 3 | 8 | 3 | 9 | 2 |

### （二）省级数据资源管理事业单位

截至 2022 年 6 月，我国共有 10 个省份设立省级数据资源管理的政府直属事业单位，分别是北京、上海、天津、内蒙古、黑龙江、江西、江苏、四川、陕西和湖南。此类数据资源管理机构多以“数据中心”的形式存在。从举办单位来看，有 3 个省份的数据管理事业单位由省政府归口管理，7 个由省级部门归口管理，其中，天津与陕西情况较为特殊，天津市大数据中心隶属于市委网信办，陕西省政务大数据服务中心由省政府办公厅代管；

从级别上来看，有5个省份的数据管理事业单位为正厅级，5个为副厅级；从业务来看，绝大部分事业单位为专门的数据管理单位，有3个为数据管理与政务服务相结合的单位，分别是陕西省政务大数据服务中心、黑龙江省政务大数据中心和湖南省政务服务和大数据中心（如表5－2所示）。

**表5－2　我国省级数据管理事业单位设置情况（截至2022年6月）**

| 序号 | 省份 | 单位名称 | 举办单位 | | 单位级别 | | 单位业务 | |
|---|---|---|---|---|---|---|---|---|
| | | | 省政府 | 某省级部门 | 正厅级 | 副厅级 | 专门数据管理部门 | 数据管理与政务服务结合 |
| 1 | 北京 | 北京市大数据中心 | | √ | √ | | √ | |
| 2 | 上海 | 上海市大数据中心 | | √ | | √ | √ | |
| 3 | 天津 | 天津市大数据中心 | | √（隶属市委网信办） | √ | | √ | |
| 4 | 黑龙江 | 黑龙江省政务大数据中心 | | √ | | √ | | √ |
| 5 | 内蒙古 | 内蒙古自治区大数据中心 | √ | | √ | | √ | |
| 6 | 陕西 | 陕西省政务大数据服务中心 | √（省政府办公厅代管） | | √ | | | √ |
| 7 | 江西 | 江西省大数据中心 | | √ | | √ | √ | |
| 8 | 江苏 | 江苏省大数据管理中心 | | √ | | √ | √ | |
| 9 | 四川 | 四川省大数据中心 | √ | | √ | | √ | |
| 10 | 湖南 | 湖南省政务服务和大数据中心 | | √ | | √ | | √ |
| 计数（个） | | | 3 | 7 | 5 | 5 | 7 | 3 |

除此之外，一些省份虽然没有在省级层面设立数据资源管理机构，但已在其省会城市及其他地市设立了相关机构，例如湖北、甘肃等。总之，自此轮机构改革启动以来，特别是随着数字化发展如火如荼地加快推进，各地逐渐认识到数据治理对政府治理能力现代化的重要意义，纷纷在数据资源管理机构建设上进行探索和尝试，这对我国各级政府开展数字政府建设工作提供了有力的组织保障。

## 二、谁是政务数据共享的“拦路虎”？

与数字政府如火如荼的建设状况相比，政务数据共享的实际效果却差强人意。各地各部门实际工作开展过程中，依旧面临“分灶吃饭”“要数据比要饭还难”等窘境。这种尴尬局面的形成是由体制、管理、法律、技术、心理等多重因素共同导致的。概括而言，我国政务数据共享主要面对三只“拦路虎”，分别是不会共享、不愿共享和不敢共享。

### （一）第一只“拦路虎”：不会共享

由于数字化意识不强、数字化能力不足和数字化技术不强导致部门不会共享数据。

#### 1. 数字化意识淡薄

推动政务数字化转型需要领导干部及公务人员对新事物和新技术保持开放和理性的心态，并主动学习相关知识、政策和技术，但是，一些领导干部和公务人员数字化意识淡薄，思想保守且固化，对新时代数字化变革难免有畏惧之心。部分同志对“政务数据共享”这一数字化转型背景下的新事物认识不清、接受度低，并且往往表现出拒绝和排斥态度，成为阻碍政务数据共享的因素之一。

#### 2. 数字化能力低下

对数字化变革的漠视还体现在数字化能力的低下上。数字化相关知识、政策和技术往往呈现出前沿、新颖、更新迭代快等特点，领导干部和公务人员要主动且勤奋地学习方可成为数字时代的弄潮儿。数字化意识的薄弱必然导致一些领导干部和公务人员疏于接触和学习数字化相关知识与技能，造成数字化能力低下，从而制约政务数据共享工作的推进。

3. 数字化技术不精

即使领导干部和公务人员具有数字化意识，有想法、有动力推动政务数据共享工作，但数字化技术的薄弱也会成为制约政务数据共享的现实原因。从全国范围内来看，数字技术呈现出地区/部门间发展水平不平衡和管理建设标准不一致等问题。首先，数字技术优势往往聚焦在经济社会发展水平较高的发达地区和具有高价值数据的“强势”部门，这种技术水平的不均等极有可能造成数据的编目、归类、采集、汇集等方面的指标口径、接口、技术标准等存在差异，从而导致数据系统无法互通，难以实现政务数据的有序、有效共享。其次，我国政务数据多是各地区、各部门自成体系地进行管理，这种分散式管理的形态往往造成各地区、各部门数字技术标准不统一，同样为数据系统的有效对接造成困难。

### （二）第二只“拦路虎”：不愿共享

由于数据部门化割据，以及出于维护自身数据优势的考虑而导致的部门间不愿共享数据。

1. 数据部门化割据

受我国行政机制条块分割特征的影响，政府掌握的数据大多处于“割裂状态”，呈现出“分散化”“碎片化”的特征，具有明显的部门化分布格局。且不论全国尚未形成统一的政务数据管理体系，在单一省份也很难做到全域政务数据统一管理，因而逐步形成一个个以部门为单位的数据“孤岛”。政务数据的共享往往只能在部门内部得以充分实现，不利于政务数据跨部门、跨层级、跨领域的有序共享。

2. 维护自身数据优势

在实际工作中，政务数据资源价值存在部门间极度不平衡的状况，具有高价值的政务数据往往集中在某几个部门或个别发达地区的手中。而基于自身利益考虑，这些具有数据优势的部门和地区倾向于将自身拥有的数据资源封闭起来，不愿意与其他部门和地区共享，甚至为了进一步强化这种数据优势地位，主观上构筑各种阻碍数据共享的壁垒。再加上受数字化意识淡薄的影响，一些部门的信息化建设工作仅以优化本部门业务流程和提升业务效率为目的，导致其没有同其他部门打通政务数据共享渠道的意愿。

### （三）第三只“拦路虎”：不敢共享

由于数据权属不明、数据共享权责不清和数据安全形势严峻等问题而导致有的部门不敢共享数据。

1. 数据权属不明

明确数据权属是数据有序流通的前提。由于当前国家层面暂无相关立法对数据权属作出明确规定，导致一些掌握高价值数据的部门担心自己的数据一旦共享出去则遭遇“被二次共享”等数据滥用问题。另外，开展数据共享工作也可能面临被其他部门或主体质询其数据权属是否合理的风险。因此，在数据权属不明的情况下，政府部门往往不敢推进数据共享工作。

2. 数据共享权责不清

数据共享权责不清也会阻碍数据充分共享。当数据管理的权责义务划分不清晰时，一旦数据共享中发生国家安全、个人隐私数据泄露等数据安全事故，往往互相推诿扯皮，存在难以找到责任主体的问题。

3. 数据安全形势严峻

2021 年，我国出台并施行《数据安全法》和《个人信息保护法》，对规范数据处理活动和数据安全作出了规定。但是，在数据管理工作开展过程中，由于缺乏具体实施细则，尤其是现有法律对如何判断数据是否涉及国家安全、商业秘密和个人隐私暂无明确规定，而一旦出现数据安全事故则极可能面临较大的经济损失并承担严重法律后果，从而导致一些政府部门出于数据安全的考量，往往抱着“多一事不如少一事”的心态，不敢开展数据共享的工作。

## 三、构建与职能相匹配的数据职权体系

我国经济、社会、政府数字化全面转型的发展趋势，客观上要求加快数据的打通、整合与共享。要改变“分灶吃饭”的现状，就必须厘清各部门在数据归集、整合、共享、维护等数据管理活动中的职责和权力，确保事权、职责和利益的合理配置。

### （一）数据职能补位：从“三定”到“四定”

#### 1. 原“三定”对数据职能的缺位

我国的党政机关一直遵循“三定”制度来规定部门职权与结构，包括定机构、定职责和定编制。近年来，数字政府建设和数字化全面转型给各地方政府提出了新的工作要求，但一些地方数据职权规定方面存在“一片空白”的问题，还有一些地方依旧遵循“三定”制度的框架来落实数据管理和数据治理的结构设置。数据职权缺位、职权不明确导致各部门多以优化内部业务流程、提升内部业务运行效率为导向进行数字化建设，并非以整体数字化发展为目标，从而导致大量数据处于部门割据式的碎片状态，制约了数据管理及治理的效率。

#### 2. 补齐政府部门数据职权

补齐政府部门数据职权的缺位，并以法定的形式将相关职责和权力明

确下来，在“三定”的基础上再增加“一定”，即定数据，[1] 确定部门的数据权力和职责。一方面，从整个数据管理的职能出发，确定部门在数据采集汇聚、流通应用、质量提升和安全监管等各个环节应履行的职责以及被赋予的相应权力。另一方面，从政务数据共享出发，要明确共享过程中数据供给部门、数据需求部门和数据管理部门三重角色，并对相关角色的职权边界进行界定。例如，要明确数据供给部门对其所提供数据的归属权责，赋予数据需求部门使用其他部门提供的数据的权力并规定相应的使用方式、权限和范围等，最后还要确定数据管理部门在建立健全政务数据共享体制机制以及充当数据共享过程中协调、仲裁和监管等角色的职责与权力。

### （二）数据职权归位：权责利的合理配置

从根本上解决政务数据共享的“条块分割”“分灶吃饭”“数据孤岛”等问题，需通过数据职权体系建设来明确各部门数据管理及共享的职责和权力，这就要求首先处理好事权、职责和利益的合理配置。[2] 以不动产登记制度改革为例，此项改革表面上是把原本分散在多个部门的房屋登记、林地登记、草原登记、土地登记等事权整合由不动产登记中心承担，实质背后牵动的是不动产交易职责和利益的整体迁移。就像售卖一辆车，如果把发动机、轮胎、外壳、座椅等部分切割开分别售卖，这辆车想必很难卖出一个好价钱，因为它的价值和功能也随着各部件的切割而遭到破坏；只有以一个整体进行售卖，才能真正体现这辆车的价值。同理，在明确政府数据职权时，需要确保事权、职责和利益的归位统一，这样才能真正实现数据职责和权利的切实落地。否则，如果把数据管理的事权放在 A 部门，管

---

① 孟庆国、李晓方：《公共部门数字化转型：供需视角与转型深化》，《电子政务》2022 年第 5 期。

② 叶战备、王璐、田昊：《政府职责体系建设视角中的数字政府和数据治理》，《中国行政管理》2018 年第 7 期。

理职责放在 B 部门，相关利益却落在 C 部门，数据管理这辆“超级跑车”是无法发动和行进的。

### （三）数据角色上位：首席数据官制度创新

1. 首席数据官是什么官？

在明确部门数据职权的基础上，要确保数据管理责任切实落地，还需在部门组织机制层面寻求创新。将数据管理职责落实到“人”，即在部门内设置“首席数据官”，由其统筹部门内数据管理工作，并负责协调跨部门、跨层级和跨区域的数据共享及应用。首席数据官发源于企业，是企业内部统筹管理数据资源的首要责任人。随着政府数字化转型的加深，政府部门对具有技术实力和业务视角的首席数据官的需求日益凸显，亟须专门的数据管理人员来统筹治理部门内部数据，并负责部门内及跨部门数据管理相关工作。

2. 探索创新在地方

目前，广东、浙江、上海等地已开展政府首席数据官制度的相关探索。其中，广东是全国最先在政府部门试点建设首席数据官的省份。该省于 2021 年印发《广东省首席数据官制度试点工作方案》，并结合其数字政府建设工作，在省公安厅、人社厅等省级部门和广州、深圳、珠海等地市试行政府首席数据官制度，鼓励试点单位在首席数据官的组织体系、职能体系及考核体系等方面先行先试，优化充实数据管理队伍，强化跨部门、跨层级、跨领域统筹协同机制。广东试点方案的一个鲜明特点是，首席数据官负责本部门或本地区推进数字政府建设、统筹数据管理和融合创新、实施信息化项目指导监督和加强数字化人才队伍建设等工作，被赋予对信息化项目相关工作拥有“一票否决权”等权力。可见，首席数据官被赋予了政务数据共享协调机制中的核心角色。将部门（地区）政务数据共享开放、开发利用、治理运营等职责归集到首席数据官身上，有利于确保数字政府建设、数据要素改革和数据管理工作的落地落实。

## 第二节 在开发利用中释放公共数据价值

随着数字化技术的发展以及全社会数字意识的提升，公共数据蕴含的巨大公共效用和市场价值得到越来越多的关注和重视。如何更好地开发利用公共数据，充分释放公共数据价值，已然成为数字政府改革建设的一项重要内容。然而，奏响公共数据开发利用的乐章面临多重问题，让沉睡的公共数据“活”起来是摆在各级政府面前的新问题。

### 一、公共数据开发利用“三部曲”

根据公共数据开发利用的不同范围和目的将公共数据开发利用分为三个阶段，分别是部门内开发、部门间共享与社会中开放，以及作为生产要素对外融合应用，这三个阶段组成公共数据开发利用的“三部曲”。

#### （一）部门内开发

本阶段是公共数据开发利用的初始阶段，以降低本部门行政成本、提升工作效率、强化决策水平为导向对自身掌握的公共数据进行整合、分析和加工等。第一阶段的公共数据开发利用呈现出两大特征。

1. 数据源于内部

公共数据依旧保持“部门割据”和“各扫门前雪”的状态，数据资源很难跨部门、跨领域流动。因此，用于开发利用的数据多来源于本部门在依法履行职责、提供公共服务过程中产生或者获取的数据。

2. 数据用于内部

此阶段对公共数据进行开发利用的目的，主要是维护和提升本部门的自身利益。各部门以数字技术为支撑，以部门业务场景为牵引，充分利用自身掌握的公共数据，推动本部门信息化系统整合、流程再造和业务协同，改善部门数字化管理架构、业务架构和组织架构，从而有效优化部门资源配置。通过分析部门业务产生和获得的公共数据，找出制约业务工作效率的难点、堵点和痛点，从而更有效地配置部门有限的资源，降低成本，提升效率，帮助部门作出更优决策。

### （二）部门间共享与社会中开放

本阶段是公共数据开发利用的第二阶段，主要目标是促进国家治理体系和治理能力现代化、提升服务人民能力、营造全社会数据创新氛围，开展跨部门、跨层级和跨区域政务数据共享和面向社会公众的公共数据开放。本阶段呈现出以下三方面特征。

1. 从“整体性治理”视角看数据

第二阶段将所有政府部门产生和获得的公共数据看成一个整体，抛弃部门分割，改从“整体性治理”的视角看待公共数据。此阶段不再是某部门唱“独角戏”，而是突破部门、层级、区域壁垒，打通政务数据共享渠道，将政务数据看成一个整体进行开发利用。另外，公共数据开放是指政府部门面向社会提供具备原始性、可机器读取、可供社会化再利用的数据集的公共服务，它打破了政府与社会公众的边界，将社会公众也纳入公共数据开发利用的主体范围。

2. 从“整体性治理”视角用数据

对公共数据进行开发利用的目的突破了部门利益的局限，上升至政府治理能力以及服务人民能力的整体提升。一方面，公共数据资源的开发利用能促进信息资源整合，推动政府理念转变、管理模式创新，提高信息资源管理水平，充分实现政务管理现代化；另一方面，公共数据资源的开发利用能有效提升政府为人民服务的能力，满足人民群众对于美好生活的向往和需求。在我国，公共数据资源已广泛应用于政务服务、公共卫生、医疗教育、环保养老、交通服务等涉及民生的各个领域，致力于提升民生水平、改善人民生活。

3. 从"整体性治理"视角治数据

第二阶段具有鼓励全社会共同参与数字化创新建设的引导作用，尤其是通过公共数据开放，将社会公众变成数据开发应用的主体之一，激发社会化力量寻求公共数据的创新应用场景和创新技术突破，进一步释放和提升公共数据资源价值。

### （三）作为生产要素对外融合应用

第三阶段将公共数据作为生产要素，以充分释放公共数据价值、促进数字经济发展为导向，推动社会数据融合应用。本阶段主要有以下三方面特征。

1. 将公共数据视为生产要素而非数据资源

在前两个阶段，公共数据被当作一种资源，所涉及的处理行为包括采集、汇聚、共享、开放等，侧重于对"数据"本身的治理。然而，在第三阶段，数据被视为一种生产要素，即进行社会生产经营活动时所需要的一种社会资源，所涉及的处理行为包括登记、评估、流通、消费等，侧重于"数据"对社会经济发展的推动作用。

2. 数据开发利用的场景更多放到社会和市场上

与前两个阶段不同，此阶段的公共数据开发利用场景不再局限于公共管理和服务机构内部，而是拓展到社会和市场上，强调公共数据与社会数据的融合应用。

3. 侧重于数据要素赋能数字经济的作用

不论是部门内部的数据开发应用，还是部门之间的政务数据共享、公共数据向社会公众开放，更多是对行政治理水平和公共服务质量的提升，即强调数据赋能数字社会和数字政府的作用。但是，第三阶段的开发利用侧重于体现对数据要素价值的充分挖掘和释放，强调数据赋能数字经济的作用。

## 二、奏响数据利用的“乐章”并不简单

### （一）公共数据资源底数乱

工厂开工之前必须盘点原料库存，公共数据进入开发利用环节之前也必须摸清相关底数。目前，各地公共数据开发利用常常面临数据量小和数据质量低等问题。

一方面，政务数据共享和公共数据开放不充分，再加上随着国垂、省垂业务系统部署力度加大，形成中央、省级“数据悬河”与市、县基层“数据空心化”之间结构性错位，导致可用于开发利用的数据量较小。《广东省数字政府改革建设“十四五”规划》指出，该省在 2021 年完成首轮全省公共数据资源普查工作，结果显示，“数据饥渴”现象仍然存在，尤其是公共数据开放量不理想，所开放的公共数据占同一时间所汇聚的公共数据的比例不足 1%。另一方面，高质量的数据才能创造价值，然而当前公共数据资源普遍存在信息不准确、不完整等质量问题，造成数据即使放到共享和开放平台，依旧因为难以理解或无法开发应用等问题而“无人问津”，没有真正发挥公共数据的价值。

### （二）公共数据安全防护弱

公共数据中包含了大量敏感信息，涉及公民个人隐私、商业秘密，甚

至国家安全，数据一旦泄露、被破坏或遭到篡改将带来严重的后果。目前，我国在公共数据开发利用的进程中，数据安全保障制度及配套技术体系还有待完善。

1. 缺乏有效的公共数据安全管理制度

公共数据的开发利用涉及采集、汇聚、存储和利用等多个环节，每一个环节都需要相应的制度规则和技术标准予以规范。① 目前，公共数据分类分级、安全审查、风险评估等相关制度建设还不健全。以分类分级制度为例，一方面，缺乏公共数据重要程度的划分机制，即尚无明确规范，用于清晰有效地识别重要信息、敏感信息和隐私信息等，从而难以区分出何为重要数据，何为核心数据，何为一般数据；另一方面，缺乏公共数据开发利用的分类分级指南，即尚无针对不同领域及不同保护级别的公共数据开发利用的指导原则。

2. 数据面临垄断风险

政府向企业授权公共数据开发利用时，缺乏有效的管控措施，数据面临垄断风险。部分参与合资或提供技术服务的企业含有私人控股或外资控股的成分，一旦掌握大量公共数据，加之管控不当，其不可控因素也会随之变大，甚至会和政府部门之间产生信息资源上的制衡，出现公共数据垄断现象，潜藏巨大安全隐患。

3. 数据安全保护的技术体系有待提升

不论是公共数据进入开发利用环节前的“脱敏脱密”，还是后期所需的监管工作，都离不开稳定可行的技术支撑，因此，如何运用可信身份认证、数据签名、接口鉴权、数据溯源等数据保护措施和区块链等新技术，强化

---

① 王芳、陈锋：《国家治理进程中的政府大数据开放利用研究》，《中国行政管理》2015 年第 11 期。

对数据资源的安全防护，是公共数据在安全环境下得以充分开发利用所面临的一个关键问题。

### （三）公共数据供需对接难

从供给侧来看，受体制机制、技术能力和数据意识等因素影响，政务部门往往难以发觉公共数据进行社会性融合开发应用的价值，或者发觉了却已错过开发利用的最佳时机；从需求侧来看，社会对公共数据资源开发利用的需求难以得到有效满足。

公共数据的开发利用面临信息资源与社会需求对接不畅的难题，具体表现在四个方面：一是很多企业、社会组织或个人不知道政务部门能够提供哪些数据供他们进行开发利用；二是一些公共数据涉及部门重要信息，企业、社会组织或个人对这些数据进行开发利用比较困难；三是目前公共数据资源比较零散，分布在不同部门，不便于获取；四是可获取的公共数据资源在准确性、全面性、精细性和实时性上尚有不足。

## 三、唤醒沉睡的公共数据

### （一）集中治理：给数据管理部门赋权

对政府部门而言，公共数据资源开发利用是一个崭新而重要的命题。长期以来，没有一个明确与之对应的业务管辖部门，公共数据留存在各个部门的运行过程中，公共数据的开发利用工作也多由各部门负责开展。因此，公共数据开发利用需要协调和整合各方面的利益相关者，包括政府部门、企事业单位，甚至是社会公众，这制约了公共数据开发利用的效率。另外，数据及开发利用职责的碎片化还导致“社会对高价值公共数据需求旺盛”与“公共数据分散且质量低下”的矛盾不断凸显，同样不利于公共数据价值的释放。解决这些问题的最佳途径就是协调与整合，即构建针对公共数据资源开发利用的集中治理机制。在第八轮机构改革过程中，各地政府纷纷设立数据资源管理机构。“唤醒”公共数据价值，应该充分利用机构改革的契机，赋予数据管理机构统筹开展公共数据开发利用工作的权益，以公共利益最大化为导向，对公共数据进行集中治理，提高公共数据开发利用的效率。

### （二）场景应用：让数据在“落地”中增值

我国虽然尚未形成各行业、各领域、各保护级别的公共数据开发利用路径，但是发掘公共数据的价值完全可以以具体的场景为抓手，通过开拓应用场景来倒逼公共数据的开发与应用。例如，在新冠肺炎疫情期间，政府公共数据与电信运营商、航空公司、铁路集团、交通集团等企业所掌握的社会数据开展融合利用，开发出“健康码”“行程码”等应用服务，对我国新冠肺炎疫情防控工作起到了十分关键的支撑作用。实际上，公共数据融合应用的成功案例并不只限于新冠肺炎疫情防控的场景。在我国，公共数据的应用场景早已拓展到交通、住房、医疗、教育、自然、农业等多方面、多领域。因此，未来要进一步深化公共数据开发利用，尤其是“唤醒”待开发的沉睡数据，更要以提升人民生活水平、政府服务人民能力和政府治理现代化为导向，着眼于具体场景，发掘公共数据价值。

## 第三节　探索数据要素市场化配置

数据要素，是将数据作为一种生产要素，即进行社会生产经营活动时所需要的一种社会资源，是维系国民经济运行及市场主体生产经营过程中所必须具备的基本因素。数据要素侧重强调数据优化生产资源配置、调节生产关系、创造生产力和促进经济高质量发展的作用。

## 一、数据要素流通面临四个“不”

数据是关键生产要素，推进数据要素流通、发展数据要素市场是一项重要的战略任务。同时，我们需要清楚地认识到，数据要素流通存在一些深层次问题和结构性矛盾，制约着数据要素市场功能的有效发挥。数据要素流通主要面临数权不清晰、制度不完善、结构不合理、组织不健全等四方面问题。

### （一）数权不清晰

明晰数据产权是数据要素得以有序流通的前提。数据产权制度本质上体现为一种社会关系，是调节人与人之间涉及数据相关利益关系的根本制度。数据产权涉及了三大核心问题，即：数据是谁的？谁可以使用数据？如何分配数据产生的收益？① 例如，公共管理部门和企业在开展工作和发展业务过程中所收集的用户个人数据的主权，到底是属于数据主体，即直接产生数据的个人，还是实际拥有数据的部门和企业？相关数据在什么条件下可以被数据采集方使用，以及数据主体是否可以随时查看和处理？另外，相关数据权属不明时，公共管理部门和企业是否有权将其获得的来自公民和用户的数据进行开发应用，哪怕相关数据已经经过去除个人身份信息等脱敏处理？再如，数据开发应用后产生的收益应该按什么比例分配给谁？当前，不论是法律制度还是专家学者，都无法就上述问题给出明确的答案。这导致多数公共管理部门和企业为避免引发侵犯个人隐私、商业秘密等问

---

① 张莉、中国电子信息产业发展研究院：《数据治理与数据安全》，人民邮电出版社 2019 年版，第 74—78 页。

题，而没胆量和没意愿推进数据要素的融合应用，从而严重阻碍数据要素流通，制约数字经济的创新发展。

### （二）制度不完善

数据要素高效有序流通亟须法治支撑，然而，我国当前面临“中央立法缺位 + 地方立法受限”的困局。一方面，国家相关法律不健全。例如，如上文所述，数据产权的确定是数据要素高效有序流通的前提，而数据产权属于基本民事制度范畴，涉及中央的立法事权，而目前国家层面的数据产权相关立法仍处于空白。针对此问题，习近平总书记在主持2022年6月22日召开的中央全面深化改革委员会第二十六次会议时强调，“加快构建数据基础制度体系”，为我国加快构建以数据为关键要素的数字经济起到纲举目张的作用。另一方面，地方立法受限。与中央相比，地方立法权限不足，加之地方立法的地域性难以适应数据要素跨区域流通的状况，难以在数据产权、交易、流通、监管、安全等基础性法规制度方面取得实质性突破。

### （三）结构不合理

#### 1. 主体结构不合理

当前，数据要素市场尚在培育和探索期，政府、企业和社会公众等数据要素市场建设主体角色有待规范。政府在制度供给、公共数据运营、市场监管等方面存在缺位问题；企业等市场主体鱼龙混杂、良莠不齐，市场环境亟须规范治理；由于个人数据权益保障等方面的制度规则不健全，社会公众的权利主张得不到保障，参与市场建设受限较多。

#### 2. 供需结构不合理

当前，数据要素流通面临对高质量、高价值数据要素的迫切需要与不平衡不充分的数据要素供给之间的结构性矛盾。一是受体制、法律、管理、技术和心理等因素影响，政府内部数据共享应用效率还有待提高。另外，随着国垂、省垂业务系统部署力度加大，数据从下向上不断集中，形成中央、省级“数据悬河”与市、县基层“数据空心化”之间结构性错位。二是北京、上海、广东、浙江、山东等省市纷纷建立公共数据开放平台，但总体呈现“总量规模小、供给分散、质量不高、流通不畅、社会参与度较低、应用效果不理想”状态。三是公共数据与社会数据融合利用路径尚不明确，相关探索仅局限在个别场景，没有形成具有广泛可行的全社会数据融合利用路径。亟须构建统一协调的公共数据运营体系和权威高效的数据交易体系，打通数据供需渠道，促进全社会数据要素流通。

3. 层次结构不合理

当前，我国数据要素市场建设处于“中央政策支持、地方培育探索”阶段，尚未形成全国统一的数据要素市场体系和有效的市场化配置新格局。另外，地方探索缺乏对区域数据要素市场体系培育建设的长远规划和配套制度规则基础，没有催生出规范化、大规模、高效率的数据交易。

### （四）组织不健全

1. 领导统筹机制有待加强

推动数据要素市场化配置改革涉及大量跨部门统筹规划与组织协调工作，需要高权限的领导支持和强有力的协调机制。与此相比，目前中央层面尚未明确数据要素牵头部委，全国数据要素市场化配置改革缺乏统筹领导。

2. 数据运营机构不健全

现有地方探索多从数据交易环节寻求突破，往往忽视数据运营的机制建设。这种发展模式导致数据供给呈现“供给分散、质量不高、流通不畅、供不应求”状态，造成“有店无货”和“产销不畅”等尴尬局面。

### 3. 市场要件亟须培育发展

从全国范围来看，数据交易机构、中介服务机构、产业联盟、行业协会等市场要件的数量和规模明显不足。此外，市场要件在服务、沟通和监督各类市场主体中的桥梁和纽带作用尚未有效发挥。

## 二、全国统一数据要素大市场怎么建?

2022 年 3 月，《中共中央 国务院关于加快建设全国统一大市场的意见》印发，明确提出要“加快培育数据要素市场”，“推动数据资源开发利用”。构建全国统一的数据要素大市场旨在以数据要素市场化配置改革为重要抓手，打通数据要素价值创造、价值交换和价值实现的全链条，培育“统一、开放、法治、安全、高效”数据要素市场体系，构建有效市场和有为政府更好结合的“全国统一大市场”，促进数据要素流动规范有序、配置高效公平，全面赋能数字经济、数字社会和数字政府高质量发展。基于这个目标，建设全国统一数据要素大市场应该从以下五个方面发力。

### （一）充分激发各类市场主体活力

与土地等传统生产要素不同，数据要素因其非排他性和非竞争性而具有鲜明的集体共有属性。因此，在数据要素市场培育过程中，要建立数据共有产权制度，承认并保障参与数据要素价值创造的各类市场主体的数据权益，即坚持“汗水原则”，增强市场主体的获得感。另外，在保护数据共有权益的同时更要明确责任共担的原则，引导各类市场主体在开展数据要素开发利用活动之前就责任划分和风险承担等内容达成共识，增强市场主体的责任感。实现数据要素市场可持续性发展和繁荣，就必须坚决打击数据垄断、数据欺诈和数据不正当竞争等破坏市场秩序的行为，同时保护好个人隐私权益和企业商业秘密，增强市场主体的安全感。

### （二）完善整体有序的市场治理体系

好的治理体系是提高治理能力的前提和基础。健全数据要素市场治理体系，就要坚持“整体性治理”“数字化治理”“源头性治理”三大方向。首先，以“整体性治理”优化顶层设计，理顺中央、省、市、县在数据要素市场建设方面的权责分工，明确中央层面数据要素行业主管部门，强化中央与地方统筹协调工作机制，加强地方主管部门统一归口管理力度。其次，以“数字化治理”重塑政府与市场之间的权利结构、功能配置和边界划分，利用数字化技术实现多元治理主体大规模跨界互动、平台协作与价值协同。最后，以“源头性治理”压实政府部门和市场主体对数据治理的主体责任，在政府部门和企业内部设立“首席数据官”，统筹本部门、本企业数据治理职责和工作。按照“一数一源”的原则，编制职能数据责任清单，强化数据的源头治理。

### （三）健全公平公正的市场法治体系

数据要素市场安全、有序运行，需要合理完善的法规制度体系提供坚实保障。因此，要合理划分中央与地方事权，分工负责建立健全数据要素市场化配置所涉及的法律法规和制度标准。一是在《网络安全法》、《数据安全法》和《个人信息保护法》等基础上，加快出台重在数据开发利用的立法。二是围绕数据要素流通各环节，健全数据产权、数据治理、共享开放、融合应用、交易流通、安全保护等基础制度和标准规范，促进数据要素安全高效有序流动。三是建立数据要素流通跨部门协同监管制度，健全投诉举报查处机制，严格数据要素市场监管执法。

### （四）构建安全高效的市场流通体系

市场化配置一般涉及生产、分配、流通和消费四个环节。有效的市场化配置需要充分发挥政府行政机制、市场竞争机制和社会志愿机制的比较优势，构建两级数据要素市场结构。其中，一级数据要素市场是以政府行政机制为主，构建权威高效的公共数据管理机制，统筹配置公共数据和准公共数据，推进公共数据开发利用和数据融合生态建设；二级数据要素市场是以市场竞争机制为主，鼓励社会数据入场交易，健全市场运行机制、交易规则和中介服务，满足主体多样性和高质量用户需求。

另外，在两级市场结构的基础上，强化数据新型基础设施、数据运营和数据交易等三大数据要素市场的枢纽建设。一是统筹能源网和算力网建设布局，推动数据中心的建设、整合、改造与提升，构建数据安全存储、数据授权、数据存证、可信传输、数据验证、数据溯源、隐私计算等数据新型基础设施，支撑数据资源汇聚流动和数据要素创新应用。二是建设统一协调、分级管理的中央和地方数据运营机构，负责市场主体准入、评级、认证、退出管理，统筹公共数据运营工作，推动公共数据与社会数据融合及数据生态建设。三是建设各类数据交易场所，规范数据入场交易。四是要着重建设数据要素市场生态，在市场准入和分类分级管理的前提下，培育和丰富数据运营服务商、“数据经纪人”（数据中介服务机构）以及其他一般市场主体。

### （五）深化数据要素全面赋能数字化发展

首先，以场景创新为抓手，加快公共数据与社会数据融合应用，实现数据要素助力数字政府建设。首先，加强数字政府建设，将数据要素视为提升政府治理效能的新利器。其次，围绕粤港澳大湾区、长三角地区、京津冀地区、环渤海经济圈、成渝经济圈、中部经济区等，率先打造若干区域一体化数据要素市场，支撑全国统一大市场建设。最后，适时将北京、上海、广东等地打造成为国内数据要素大循环的核心枢纽和国内国际双循环的战略链接点，深度参与数据要素跨境流动规则制定，维护数据主权，建立以跨境监管沙盒为基础的“数据海关”，打造可信数字空间，促进数据要素国内国际双循环。①

## 三、数据要素市场化配置探索在路上

从全国范围内看，当前我国数据要素市场建设尚处于“中央政策支持、地方培育探索”阶段，尚未形成全国统一的数据要素市场体系和有效的市场化配置新格局。聚焦地方实践，各地在国家层面数据要素相关法律缺位、相关基础性制度不全以及相关工作指导规范不足等限制条件下，仍就数据要素市场化配置积极开展多样探索，为全国统一的数据要素市场建设贡献地方经验。总体而言，地方实践重点聚焦于“从数据交易环节寻突破”和“从数据要素市场谋全局”。

### （一）贵阳：从数据交易环节寻突破

贵阳是我国探索数据要素交易的先行地区。早在 2015 年 4 月，全国第一家大数据交易所——贵阳大数据交易所正式挂牌运营，并在交易模式、运营模式、数据产品等方面进行了一些探索。根据贵州省委、省政府工作部署以及贵阳大数据交易所经营管理需要，贵州省大数据局于 2021 年 8 月组建贵州省数据流通交易服务中心，负责制定制度、规则、技术标准等，开展数据要素确权登记等支撑服务。另外，贵阳大数据交易所也在 2022 年初完成变更、增资等改造。至此，贵阳“一中心 + 一公司”的新大数据交易所体系架构搭建完成。当前，贵阳大数据交易所已开展实质运营，集聚数据商 217 家，上架产品 286 个，累计完成交易 60 笔、交易额 4237.9 万元。2022 年 5 月 27 日，贵阳大数据交易所召开发布会，面向全国发布了数

① 傅建平：《深化数据要素改革 构建全国统一大市场》，光明网，https://tech.gmw.cn/2022-01/05/content_35427475.htm。

据流通交易规则、数据商准入指南、交易合规性审查指南、交易安全评估指南、产品成本评估指引、交易价格评估指引、数据资产价值评估指引等，旨在探索解决数据确权难、定价难、监管难等问题。

贵阳在数据要素市场化配置方面的系列探索告诉我们，该地着眼于数据交易这一关键环节，深入探索数据确权、价值评估、交易流通等基础性制度规则，以及数据交易场所等组织机制建设，希望打通数据交易渠道，撬动数据要素的高效有序流通。

### （二）广东：从数据要素市场谋全局

广东在数据要素市场化配置方面率先破题。该省一改其他省市聚焦数据交易环节的思路，创新性地以构建完善的数据要素市场结构为出发点和主要目标，从全局系统谋划的战略角度，对推动数据要素市场化配置改革、培育两级数据要素市场，最终实现数据要素流通规范有序、配置高效公平作出全面部署。

为贯彻落实党中央、国务院关于构建更加完善的要素市场化配置体制机制的政策部署，广东将“建设高标准要素市场体系”作为全省深化改革的重点任务和重要创造型引领型改革。按照省委、省政府工作部署，广东省政务服务数据管理局积极落实相关工作安排，于2021年7月以省政府名义印发了全国首份数据要素市场化配置改革文件《广东省数据要素市场化配置改革行动方案》。该方案围绕释放公共数据资源价值、激发社会数据资源活力、加强数据资源汇聚融合与创新应用、促进数据交易流通和强化数据安全保护等5个方面提出了24条改革任务和71项工作内容，对落地落实广东特色数据要素市场化配置改革具有重要意义。

细细审视，该方案其实是对广东数据要素市场化配置改革思路的具体体现，即“1+2+3+X”。其中，“1”是坚持“全省一盘棋”，统筹推进数据要素市场化配置改革，完善法规政策，优化制度供给，保障市场的统一开放。“2”是构建两级数据要素市场结构，发挥行政机制和市场机制比较优势，激发各类供需主体活力，促进市场的有序竞争。“3”是围绕数据集聚、运营和交易等环节，推动数据新型基础设施、数据运营机构、数据交易场所三大枢纽建设，打通供需渠道，保障数据要素生产、分配、流通、消费各环节循环畅通。“X”是推进各个领域场景数据要素赋能，释放数据生产力潜能。

很显然，不论是广东出台的数据要素市场化配置改革文件，还是“1+2+3+X”的改革思路，都明显地体现了一个特点：广东不是从数据要素流通的某单一环节出发思考数据要素市场化配置机制，而是以数据要素市场化配置改革为突破口，从数据要素生产、分配、流通、消费的全流程齐发力，推动构建有效市场和有为政府更好结合的“全省一盘棋”数据要素市场体系，重构新型数据生产关系，解放和发展数据生产力，打通数据要素价值创造、价值交换和价值实现的全链条。

# 第六章

# 创新运营管理模式

政府既是数据要素市场的培育者和监管者，也是公共数据的主要供给主体，公共数据授权运营成为当下重大理论前沿和实践热点。本章以公共数据运营管理模式为核心，总结国内外公共数据运营管理的主要模式，深度剖析面临的问题，创新提出“数据运营生态圈”模式，为盘活公共数据资源、释放公共数据红利、培育数据要素市场、推动数字经济发展提供有效参考。

## 第一节　公共数据运营管理的国外探索

以美国、欧盟、英国等为代表的发达国家和地区高度重视公共数据的价值与贡献，探索释放公共数据经济和社会价值的路径，建立了公共数据再利用模式。何为再利用？欧盟在《公共部门信息再利用指令》（Directive 2003/98/EC on the Re-use of Public Sector Information）中给出了答案：再利用是指个人或者法人以商业或者非商业目的，而不是文档因公共任务而得以产生的原来的目的，而对公共部门机构持有的文档的利用，公共部门机构之间的文档交换如果纯粹是处于履行公共任务的不构成再利用。简而言之，就是政府部门在履行公共服务外，授权市场主体对公共数据资源进行深度开发利用并产生增值效应。①

---

① 陈传夫、肖志锋：《公共部门信息资源再利用国际立法的进展与对我国的建议》，《信息资源管理学报》2011 年第 1 期。

## 一、美国：基于“开放政府”的公私合作模式

早在20世纪50年代，美国就萌生了政府信息商业化的想法，积极探索公共数据再利用。经过近70年的发展，美国信息产业高度发达，数字经济规模处于世界“龙头”地位。2021年，中国信息通信研究院发布的《全球数字经济白皮书——疫情冲击下的复苏新曙光》表明，美国2020年数字经济规模高达13.6万亿美元，占全球比重41.7%，蝉联世界第一。美国大力推动公共数据再利用的背后主要有两大“动力源”：一是治理“原动力”，联动社会专业力量共同参与社会治理，推进国家治理能力现代化进程；二是创新“原动力”，利用社会源源不断的“创意流”，充分发挥创新这个引领发展的第一动力，促进数字经济高质量发展。

### （一）政策法规方面

2009年1月，时任美国总统奥巴马签署发布了《透明与开放政府备忘录》（Memorandum on Transparency and Open Government），明确开放政府要遵循透明、参与和协同三大原则。其中协作这一原则强调通过鼓励各级政府机构与非营利性组织、企业、个人、私营组织建立合作关系来提升政府工作效率和能力。[①] 同年12月，发布了《开放政府指令》（Open Government Directive），进一步明确了开放政府的行动计划。2019年，时任美国总统特朗普签署颁布了《开放政府数据法案》，旨在加强政府机构与企业、公众或其他组织的合作关系，提升公共治理水平，服务社会大众（如表6－1所示）。

① 王万华：《论政府数据开放与政府信息公开的关系》，《财经法学》2020年第1期。

**表 6－1　美国 21 世纪颁布的相关法规政策一览表**

| 序号 | 年份 | 名称 |
|---|---|---|
| 1 | 2002 年 | 《2002 年电子政务法》(E-Government Act of 2002) |
| 2 | 2009 年 | 《透明与开放政府备忘录》（Memorandum on Transparency and Open Government) |
| 3 | 2022 年 | 《信息自由法指导条例》(Freedom of Information Act Guidelines) |
| 4 | 2009 年 | 《开放政府指令》(Open Government Directive) |
| 5 | 2012 年 | 《数字政府：建立一个面向 21 世纪的平台更好地服务美国人民》(Digital Government: Building a 21st Century Platform to Better Serve the American People) |
| 6 | 2013 年 | 《开放数据政策——将信息作为资产进行管理》(Open Data Policy－Managing Information as an Asset) |
| 7 | 2014 年 | 《美国开放数据行动计划》(U. S. Open Data Action Plan) |
| 8 | 2019 年 | 《公共、公开、电子与必要性政府数据法案》(Open, Public, Electronic, and Necessary OPEN Government Data Act) |
| 9 | 2019 年 | 《联邦数据战略》(Federal Data Strategy) |

### （二）授权机制方面

美国于 1976 年颁布的《美国版权法》(Copyright Law of the United States) 第 105 条规定，“本法所规定的版权保护，不适用于任何美国政府的作品。但美国政府因转让、遗赠或其他方式而接受或拥有版权者，不在此限”。这里可以分为两种情况：一是对于联邦政府拥有的公共数据，美国遵循“完全与公开”政策，即放弃其版权。二是对于由联邦政府资助的非营利部门拥有的公共数据，美国则承认其研究成果和技术专利的版权，但联邦政府对涉及的公共数据保留使用权，或允许他人使用这些数据的权力。

在第二种情况下，美国政府通常采用授予特许经营权、签订合作协议、知识共享许可等多种方式，授权市场主体对公共数据进行开发利用。例如，2016 年 1 月，美国交通部联合美国高速安全管理局与 17 家全球主要汽车制造商签订了安全协议。该协议以加强分析和检查早期预警报告数据、力争召回完成率最大化、共享数据和解决网络安全问题为核心，帮助改善监管机构和汽车制造商的关系，提高汽车的安全性。①

### （三）合作模式方面

美国政府作为公共数据主要的供给主体，通过开放自身丰富的数据资源，吸纳、引导市场主体的资金、技术等资源力量，深化公共数据的创新利用。在这个过程中，美国政府主要负责公共数据的公益性开发利用，而市场主体则要发挥自身优势，负责公共数据的商业性开发利用和成果市场化推广服务。

除此之外，美国政府将数据处理服务、技术应用服务等通过购买服务的形式，“外包”给市场主体。例如，苹果（Apple）、微软（Microsoft）、谷歌（Google）等互联网巨头企业为政府机构提供工具、平台等优质高效的信息技术服务，既维护政府日常工作稳定，也为市场主体拓展了业务机会，推进数字经济产业的繁荣发展。

### （四）收费标准方面

在收费模式方面，美国政府认为，若使政府信息以低廉的价格尽可能广泛地对公众可用，政府信息将对社会整体的经济利益最大化。因此，美国在收费模式上采取低成本模型，政府信息大部分免费提供或收取的费用不超出复制和传递的边际成本。

美国对公共数据再利用的收费标准因使用公共数据目的或用途的不同而有所差异，但总体还是遵循低收费原则。例如用于商业性用途时，美国政府可以收取检索费、复制费和审阅费；用于公益性用途时，美国政府仅收取复制费。② 同时，美国政府为了鼓励市场主体积极对公共数据进行商业

---

① 黄如花、陈闯：《美国政府数据开放共享的合作模式》，《图书情报工作》2016 年第19 期。

② 肖志锋：《公共部门信息资源再利用中的成本费用制度安排策略》，《图书情报知识》2013 年第 5 期。

性开发利用，采用多种措施确保市场主体的重要地位。1998 年，美国出台《互联网免税法案》（Internet Tax Freedom Act），对一些公共数据服务提供商提供免税政策，进一步促进了公共数据深度开发利用。

## 二、欧盟：基于“数据空间”的共建共享模式

相比美国，欧盟的公共数据再利用工作起步较晚，于 20 世纪 80 年代才开始被重视。由于欧盟是个政治及经济联盟，故其一方面建立以欧盟为主体的政府部门数据再利用政策，另一方面引导各个欧盟成员国因地制宜，建立适合本国的政策机制。2020 年 2 月，欧盟委员会发布了《欧盟数据战略》（The European Strategy for Data），旨在构建欧盟统一的数据空间，从而扩大欧盟市场中数据产品和服务的市场需求和应用规模，全面促进和推动欧盟数字经济的健康发展。据欧盟委员会介绍，鉴于目前还有 80% 的数据未被再利用，如充分释放这部分数据价值，预计到 2028 年将带来 2700 亿欧元的额外 GDP。

### （一）政策法规方面

2003 年，欧盟委员会通过了《公共部门信息再利用指令》，旨在促进政府部门信息的充分利用。2005 年，《建立多年社区项目，促进欧洲数字内容的获取、使用和开发的决议》（Proposal for a Decision Establishing a Multiannual Community Programme to Make Digital Content in European More Accessible，Usable and Exploitable）通过，要求各成员国在共同的目标下发挥群聚效应，共同构建统一的欧洲数字市场。为发展欧盟单一数据市场，充分挖掘数据潜力价值，提升政府部门数据再利用的经济效率，《欧盟数据战略》的发布为欧盟指明了方向，以破解成员国数据市场分割为抓手，以应用为驱动，构建领域数据生态（如表 6 – 2 所示）。

**表 6-2 欧盟 21 世纪颁布的相关法规政策一览表**

| 序号 | 年份 | 名称 |
| --- | --- | --- |
| 1 | 2002 年 | 《欧洲公共部门信息商业开发报告》（Commercial Exploitation of Europe's Public Sector Information） |
| 2 | 2001 年 | 《获取欧洲议会、理事会和委员会文件的规定》（Access to European Parliament, Council and Commission Documents） |
| 3 | 2000 年 | 《电子欧洲 2002：创建公共部门信息开发的欧盟框架》（E-Europe 2002：An Information Society for All） |
| 4 | 2003 年 | 《公共部门信息再利用指令》（Directive 2003/98/EC on the Re-use of Public Sector Information） |
| 5 | 2005 年 | 《建立多年社区项目，促进欧洲数字内容的获取、使用和开发的决议》（Proposal for a Decision Establishing a Multiannual Community Programme to Make Digital Content in European More Accessible, Usable and Exploitable） |
| 6 | 2007 年 | 《欧洲透明度倡议》［European Transparency Initiative（ETI）］ |
| 7 | 2006 年 | 《委员会信息的再利用》（The Re-use of Commission Information） |
| 8 | 2007 年 | 《欧洲共同体空间信息基础设施指令》［Infrastructure for Spatial Information in the European Community（INSPIRE）］ |
| 9 | 2011 年 | 《开放数据：创新、增长和透明治理的引擎》（Open Data：An Engine for Innovation, Growth and Transparent Governance） |
| 10 | 2019 年 | 《开放数据和公共部门信息再利用指令》（The Directive on Open Data and the Re-use of Public Sector Information） |
| 11 | 2020 年 | 《欧盟数据战略》（The European Strategy for Data） |
| 12 | 2020 年 | 《数据治理法案》（Data Governance Act） |
| 13 | 2022 年 | 《数据法案》（Data Act） |

### （二）数据授权方面

不同于美国“完全与公开”政策，欧盟允许政府部门拥有公共数据的版权。《公共部门信息再利用指令》明确，政府部门需要在某些情况下颁发许可证明确公共数据资源利用的条件。

欧盟启动数据战略后，提出了共同数据空间的治理制定立法授权框架，将以欧盟各成员国和部门最新的倡议为基准，兼顾各行业规定，明确在

"什么场景下"可以使用"什么数据"用于支撑"什么决策"，加强"横向"的数据共享使用，助力实现欧盟统一数据市场。

（三）数据空间方面

《欧盟数据战略》提出构建欧盟数据空间，确保数据可以在欧盟境内跨行业自由流动。以欧盟医疗卫生共同数据空间为例，在法规政策层面，以共同数据空间水平框架为基础，制定针对医疗卫生机构的立法或政策措施，增强各成员国和医疗服务提供者的合作意愿；在技术平台层面，基于 eHDSI（电子健康数字服务基础设施）部署统一的电子健康档案系统，提升医疗数据的互操作性。

**延伸阅读**

**欧盟规划了哪些领域的数据空间？**

欧盟计划围绕战略性经济部门和公共利益领域构建 9 类共同数据空间，分别为欧盟工业（制造业）共同数据空间、欧盟绿色政务共同数据空间、欧盟出行共同数据空间、欧盟健康共同数据空间、欧盟金融共同数据空间、欧盟能源共同数据空间、欧盟农业共同数据空间、欧盟公共行政共同数据空间以及欧盟技能共同数据空间。

在《欧盟数据战略》的背景下，《数据治理法案》提出将建立公共数据再利用新机制，允许自然人和法人在政府部门提供的安全处理环境中，访问和再利用公共数据。除此之外，还鼓励设立"数据中介机构"，允许其以非营利性质增强数据供需双方的信任，从而降低流通成本。

（四）收费标准方面

欧盟在公共数据再利用收费方面遵循"成本回收"原则，旨在减轻政府部门成本负担。2003 年颁布的《公共部门信息再利用指令》规定，允许政府机构在收回数据采集、制造、复制和传播成本外，收取合理的投资回报。各个成员国对成本回收的态度差异很大，《欧洲公共部门信息商业开发报告》总结了三种不同的模式，分别为低成本回收模式、中等成本回收模式和高成本回收模式。在此基础上，有些国家还明确了成本回收的比例，例如葡萄牙的国家统计局、地质研究所和官方出版商设立了 2/3 的成本回收目标。

为刺激研究和创新，《数据治理法案》提出了相应激励措施，针对用于科学研究机构、中小型企业、初创企业、民间团体和教育机构，政府部门可以提供相应费用的优惠措施，或直接免费提供数据。

## 三、英国：基于法律框架的公私竞争模式

英国于 2020 年正式“脱欧”，但其公共数据再利用的相关制度大多制定于“脱欧”前。在欧盟公共数据再利用制度的约束下，英国政府建立了既不像美国那样完全市场化，也不像欧盟那样保守的英国模式。2022 年，英国出台的《英国数字战略》（UK’s Digital Strategy）围绕基础设施、数字化技能、数字化部门、数字化企业、网络空间、数字化治理、数字经济等方面，提出七大战略任务，体现了英国“脱欧”后的“数字野心”。

### （一）政策法规方面

2005 年，英国颁布的《公共部门信息再利用规则》（The Re-use of Public Sector Information Regulations）被视为英国政府部门公共数据再利用的法律框架“雏形”，旨在明确公共数据再利用原则，提升公共数据再利用效率。5 年后，英国政府公布的《英国政府许可框架》（UK Government Licensing Framework）规定了开放政府许可、非商业政府许可和收费许可三种许可模式（如表 6 – 3 所示）。

**表 6-3　英国 21 世纪颁布的相关法规政策一览表**

| 序号 | 年份 | 名称 |
|---|---|---|
| 1 | 2000 年 | 《信息自由法》(Freedom of Information Act) |
| 2 | 2005 年 | 《公共部门信息再利用条例》(The Re-use of Public Sector Information Regulations) |
| 3 | 2009 年 | 《"让公共数据公开" 倡导计划》("Open Public Data" Initiative) |
| 4 | 2009 年 | 《迈向第一线：更聪明的政府》(Putting the Frontline First: Smarter Government) |
| 5 | 2010 年 | 《联合政府：我们的政府计划》(The Coalition: Our Programme for Government) |
| 6 | 2010 年 | 《提高政府及其服务的透明和责任》(Improving Transparency and Accountability in Government and its Services) |
| 7 | 2010 年 | 《英国政府许可框架》(UK Government Licensing Framework) |
| 8 | 2011 年 | 《英国开放政府国家行动计划 2011—2013》(UK Open Government National Action Plan 2011 to 2013) |
| 9 | 2011 年 | 《促进增长的创新和研究战略》(Innovation and Research Strategies for Growth) |
| 10 | 2012 年 | 《自由保护法案》(Protection of Freedoms Act) |
| 11 | 2012 年 | 《公共部门透明委员会：公共数据原则》(Public Sector Transparency Board: Public Data Principles) |
| 12 | 2012 年 | 《开放数据白皮书：释放数据潜力》(Open Data: Unleashing the Potential) |
| 13 | 2012 年 | 《开放标准原则》(Open Standards Principles) |
| 14 | 2013 年 | 《英国开放政府国家行动计划 2013—2015》(UK Open Government National Action Plan 2013 to 2015) |
| 15 | 2013 年 | 《把握数据带来的机遇：英国数据能力战略》(UK data capability strategy: seizing the data opportunity) |
| 16 | 2013 年 | 《G8 开放数据宪章：英国行动计划（2013 年）》(G8 Open Data Charter National Action Plan: UK Action Plan 2013) |
| 17 | 2016 年 | 《2016 年至 2018 年英国开放政府国家行动计划》(UK Open Government National Action Plan 2016 to 2018) |
| 18 | 2017 年 | 《政府转型战略 2017—2020》(Government Transformation Strategy 2017 to 2020) |
| 19 | 2022 年 | 《英国数字战略》(UK's Digital Strategy) |

### （二）数据授权方面

2005 年，英国发布了《公共部门信息再利用制度的主要注释性文件》（PSI Regulations Guidance Notes），明确了三种授权方式，分别为“隐含”许可、“点击－使用”许可和“正式”许可。其中，以“点击－使用”许可最为特别，其主要用于在线授权，根据申请数据种类的不同可细分为公共部门数据许可、议会许可和增值许可。①

公共部门数据许可，顾名思义，使用公共部门数据时需要申请的许可证明；议会许可则是使用议会数据时申请的许可证明。这两种许可都不收取费用。增值许可，是指使用增值服务时需要申请的许可证明，增值服务通常包括集成数据、注释说明、分析、索引、查询以及其他增加数据可用性和易用性的处理。② 增值许可会根据申请服务类型和数量收取一定费用。

### （三）合作模式方面

“公私竞争”模式是英国开展公共数据再利用时最主要的合作模式。该模式主张政府部门既可以支持市场主体进行公共数据再利用，提供公共数据市场化运营服务，也可以下场参与到市场竞争环境中。这说明，英国政府部门可以既做“裁判员”，也当“运动员”。

“公私竞争”是把锋利的“双刃剑”。一方面，政府部门可以通过下场当“运动员”获取可观的收益，从而填补维护公共数据产生的费用，甚至实现“创收”；另一方面，“裁判员”直接下场当“运动员”容易使良性竞争转变为恶性竞争，打击市场主体的积极性，对公私权益构成巨大威胁，从长远看不利于数字经济的健康发展。

---

① 冉从敬：《公共部门信息再利用制度研究》，科学出版社 2015 年版，第 136—137 页。

② 王正兴、刘闯：《英国的信息自由法与政府信息共享》，《科学学研究》2006 年第 5 期。

### （四）收费标准方面

英国在公共数据再利用收费方面采用高额收费方式，与欧盟提出的高成本回收模式相对应。由于采取的是“公私竞争”模式，英国政府允许在收回全部成本的基础上，获取合理的收益。

特别是，英国于 2011 年发布的《贸易基金》（Trading Funds），对专门从事商业活动的政府部门规定了收费规则。一是公司登记局（Companies House）、土地注册局（HM Land Registry）、专利局（Patent Office）等根据特别立法开展登记工作的政府部门，可以收取登记费用。二是气象局（Met Office）、陆地测量局（Ordnance Survey）、水文局（Hydrographic Office）等产生大量数据产品的政府部门，可以通过收费弥补运营成本，自负盈亏。① 以气象局为例，根据其 2019 年至 2020 年的年度报告和报表显示，财政部门设定的年度总收入为 243.4 亿英镑，其中商业利润达到 1.7 亿英镑。气象局超额完成目标，总收入为 244.5 亿英镑，其中商业利润达到了 2.2 亿英镑。②

## 第二节　公共数据运营管理的中国探索

我国也十分重视公共数据运营管理工作，《中共中央办公厅、国务院办公厅关于加强信息资源开发利用工作的若干意见》就明确要支持和鼓励公共数据公益性开发利用，规范社会化增值开发利用。2021 年，《中华人民

---

① 冉从敬：《公共部门信息再利用制度研究》，科学出版社 2015 年版，第 183—188 页。

② Met Office：Met Office Annual Report and Accounts 2019/20，https：//assets. publishing. service. gov. uk/government/uploads/system/uploads/attachment_ data/file/902846/met - office - annual - rept - 2019 - 2020 - web. pdf.

共和国国民经济和社会发展第十四个五年规划和2035年远景目标纲要》明确提出，要提高数字政府建设水平，加强公共数据开放共享，开展政府数据授权运营试点。随后出台的《“十四五”数字经济发展规划》《要素市场化配置综合改革试点总体方案》等文件提出要开展政府数据授权运营试点，对具有经济和社会价值、允许加工利用的公共数据，鼓励更多社会力量进行增值开发利用。

当前，我国的公共数据运营管理模式主要有三种，分别为集中模式、总分模式和分散模式。

## 一、集中模式：管运“一体”

### （一）模式特点

集中模式主要由政府集中授权一家国有企业作为公共数据运营方，在数据主管部门的监督管理下，开展公共数据运营管理平台建设和公共数据开发利用工作，并形成可流通的数据产品和服务。

数据授权方面，政府集中授权委托其下属国有企业，作为本区域内统一的公共数据运营方，开展公共数据市场化增值服务。数据运营方面，公共数据运营方作为数据产品和服务生产者，承担对公共数据的深度开发和有效利用，形成可流通的产品和服务，释放和提升公共数据资源价值。平台建设方面，基于可信基础设施和安全计算环境，数据主管部门授权公共数据运营方承担公共数据运营管理平台建设，提供数据使用、加工、传输等技术能力，为公共数据运营提供可信技术环境。

### （二）省市亮剑——以成都市为例

成都市是国内较早探索公共数据授权运营的地区之一。政策制度方面，该市于2020年出台了《成都市公共数据运营服务管理办法》，明确公共数据遵循以“需求驱动”的“市场化运营”原则，建立透明化、可记录、可审计、可追溯的全过程公共数据运营服务机制，规范和促进公共数据运营服务，充分释放公共数据价值，推进新经济发展创造性。实现机制方面，该市于2018年集中授权成都市大数据集团股份有限公司作为市公共数据资产运营商，开展市场化增值服务的公共数据流通路径。平台支撑方面，依托国家超算成都中心算力和成都市城市数据资源体系数据等底座，运用安全多方计算、可信执行计算环境、联邦学习、区块链等新兴技术手段，搭建成都市公共数据运营服务平台（https://www. cddataos. com），打通连接政府和企业两端的数据通道，助力政企数据融合创新应用（见图6－1）。

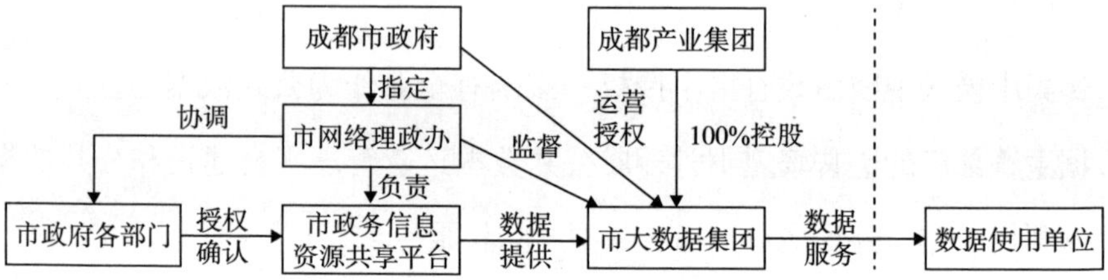


**图6－1　成都市政府数据授权运营的运行逻辑**[①]

目前，成都市公共数据运营服务平台已接入46个数据提供单位，共570类政务数据资源，围绕车辆交通、奖惩信息、企业管理、用户画像、证照核查、住房建设、智能识别等领域，上线150余个数据服务产品，通过数据核验、数据补全、安全可信云、分析报告等方式，支撑40余个应用场景，涵盖金融科技、企业数字化转型、产业园区发展、民生服务、智慧物流、供应链金融、跨境贸易等应用领域。

① 张会平、顾勤、徐忠波：《政府数据授权运营的实现机制与内在机理研究——以成都市为例》，《电子政务》2021年第5期。

## 延伸阅读

### 助力民生服务——民生信用报告

成都市公共数据运营服务平台助力打造“贝融信用助手”信用风险检测工具平台，该平台由专业技术机构依托其自主研发的“决策引擎”系统搭建，是为婚恋市场、家政市场等生活场景提供以风险检测工具为主，朋友圈信息撮合功能为辅的一站式工具服务的综合性平台。在用户授权下，通过成都市公共数据运营服务平台提供民政、不动产、车辆、个人违法、个人身份核验等信息，以政府数据的公信力辅助生成相应的场景风险报告，实现身份核验、社会风险、金融风险、欺诈风险以及其他风险的识别和防范，帮助用户在业务开展过程中能够提前识别客户的信用风险点。①

## 二、总分模式：分领域“同台唱戏”

### （一）模式特点

总分模式主要按行业领域划分，由政府部门授权一家国有企业作为领域公共数据运营方。在数据主管部门的监督下，多家领域公共数据运营方“同台唱戏”，即依托统一的公共数据运营管理平台，分领域对公共数据开展市场化增值服务。

数据授权方面，行业主管部门作为该行业领域公共数据的主要供给主体，联合数据主管部门授权一家国有企业作为该领域的公共数据运营方，开展相应的公共数据市场化增值服务。数据运营方面，领域公共数据运营方承担本领域的数据产品和服务开发工作，助力公共数据实现社会化、规

① 成都市大数据集团股份有限公司官网，https：//www.cdbdata.cn/competence.thtml？t=55。

模化应用。平台建设方面，数据主管部门统筹建设统一的公共数据运营管理平台，并以此作为基础底座，按领域划分运营专区，提供独立的开发利用空间。

### （二）省市亮剑——以北京市为例

为重塑政府和社会数据流通融合体系，北京市提出遵循“政府引导、市场运作、创新引领、安全可控”原则，建设金融、医疗、交通、位置、空间、科研等领域数据专区，搭建政府和社会之间的数据桥梁，盘活海量数据资源，充分释放数据价值红利。同时，北京也将充分调动市场主体资源力量，创新数据专区运营模式。政府牵头搭建数据专区开源社区和平台，释放企业创新主体能力，通过培育“多元化主体共同参与、多方合作共赢”的新业态，形成行业领军机构或市场主体牵头专区运营，中小企业聚焦专业深耕，充分发挥自身优势，以数据、算法、模型、技术、渠道等多种方式参与其中。①

金融数据专区方面，北京市于 2020 年出台了《关于推进北京市金融公共数据专区建设的意见》，明确依托市级大数据平台建设金融公共数据专区，作为支撑政务数据在金融领域应用的重要金融科技基础设施，加强对金融科技领域的数据供给，创新在金融及社会领域的应用。通过签署《北京市金融公共数据专区授权运营管理协议》，市经济和信息化局授权北京金融大数据公司建设、运营金融公共数据专区，为各类金融机构和其他主体提供数据、技术、咨询等便捷化服务，推动金融公共数据市场化开发应用。目前，金融公共数据专区已汇聚工商、司法、税务、社保、公积金、不动产等多维数据 25 亿余条，

---

① 北京经信局：《北京率先建设数据专区 打造数据驱动的产业集群——“数聚现在 共筑未来”2021 北京数据专区论坛顺利召开》，国际科技创新中心，https：//www. ncsti. gov. cn/kjdt/xwjj/202112/t20211231_ 54894. html。

覆盖14个部门机构、240余万市场主体，提供“信易贷”产品服务，累计支撑贷款发放超过200亿元，有效推动了全市普惠金融的“量增、价降、面扩”。

位置数据专区方面，北京市基于电信运营商数据专线传输、计算、存储等相关资源的支撑和服务，以市级大数据平台为底座建设位置数据专区，推进电信运营商的数据服务接入位置数据专区，支撑领导驾驶舱、全市复工复产监测分析、常住人口统计、游园保障等重点业务应用。这些应用加速了政府数据和位置领域数据融合创新，有效激发了政务数据和社会数据融合的乘数效应。

空间数据专区方面，北京市基于以目录链为核心的数据全流程管控机制，建设遥感、SDGs（联合国可持续发展目标）、时空平台三个空间数据专区，汇聚北京市政务数据资源以及相关遥感影像、时空大数据等社会数据资源。同时，该市加速政府数据和各行业领域空间数据融合，开展地理空间信息服务、运营、应用模式创新，不断推动北京市地理空间领域数字经济建设的发展。

## 三、分散模式：管运“分离”

### （一）模式特点

分散模式主要由数据主管部门制定公共数据开发利用相关管理制度，统筹建设本区域内统一的公共数据运营管理平台，并通过政府集中授权方式，引入一家国有企业作为公共数据运营方开展公共数据运营工作。

数据授权方面，政府集中授权委托一家国有企业作为本区域的公共数据运营方。数据运营方面，基于数据主管部门制定的相关制度，公共数据运营方按要求对公共数据进行开发利用。平台建设方面，以政府的信息基础设施为底座，数据主管部门统筹负责公共数据运营管理平台建设，提供可信的数据加工环境。

### （二）省市亮剑——以上海市为例

2021年11月，上海数据交易所成立，开启了“数商时代”，实现乘数效应。当天，100余家数商签约，如国网上海电力、中国东航等数据交易主体，协力、金杜、中伦等律师事务所，普华永道、德勤等会计师事务所，富数科技、优刻得、星环科技等交付类企业。这些企业其实体现了数商的构成——数据的供给者、合规咨询方、质量评估方、产品交付方、安全审计方等，都是参与到数据流通各个环节的企业和机构。①

然而，政府作为公共数据的主要供给主体，不敢将高价值公共数据提供给数商进行开发利用。这直接导致当前社会对高质量、高价值公共数据的迫切需要与不平衡不充分的公共数据供给之间的矛盾日益突出。为了打通供需渠道，上海市于2022年5月组建上海数据集团有限公司，作为公共数据运营方，确保公共数据合理、合规地开发、流通，为上海市数据交易所和数商提供公共数据产品和服务。

## 第三节　创新生态模式：破解难题的“助力器”

### 一、把好运营管理的“问题脉”

在国家政策的推动和支持下，全国各地积极探索、大胆实践，涌现出了一大批公共数据运营管理的创新模式。但目前模式仍面临4个深层次难题，分别为授权合法性问题、授权不授责问题、市场公平性问题和“两个

① 《解密“上海数交所”：开启“数商时代”上海如何引“数据”入“交易场”?》，中国新闻网，https：//www. chinanews. com. cn/cj/2021/12－12/9627970. shtml。

婆婆”问题，亟待通过体制机制创新来破解。

### （一）授权合法性问题

合法性是公共数据授权运营的基础和根本前提，必须符合法律、行政法规和规章等规范性文件的规定。然而，授权合法性要基于清晰的数据产权制度。由于数据的可复制、可重复利用、可重复加工生产等特性，构建数据产权制度一直是摆在大家面前的“老大难问题”。清晰合理的数据产权制度缺位，即尚未从法律角度明确附着在数据上的权力主体和权力边界，直接导致政府部门在公共数据授权运营的探索进程中陷入“两不”的困境，对公共数据“有什么权”“不清楚”，对开展公共数据授权运营工作时“该授什么权”“不了解”，更别提政府部门是否可以判断授权合不合法了。

当数据产权制度建立健全后，首先面临的问题就是“谁拥有这些权”。近年来，各省市通过设立大数据管理局等机构，统筹推进本地区的数据资源管理工作，但在开展探索公共数据授权运营时，面临的核心问题是“我是否有权运营管理公共数据”，“如果我不拥有，那谁拥有”。“法定职责必须为”“法无授权不可为”是数据产权制度的基本原则。一方面，如果各省市大数据管理局等机构的三定方案中，没有明确公共数据运营管理相关职责，则无法授权特定市场主体，也难以开发利用政府部门掌握的数据；另一方面，如果法律层面上没有赋予大数据管理局对公共数据运营管理的相关权力，则无权实施相关工作。

目前，在数据产权制度空白阶段，各地市纷纷为公共数据授权运营立法，为公共数据运营管理提供法律保障。2021 年，上海市出台了《上海市数据条例》，对公共数据授权运营的部门特设专门一节，以立法形式提出公共数据授权运营制度，明确要构建统一协调的公共数据运营管理机制。同时，市政府将组织制定公共数据授权运营管理办法，以明确授权主体、授权条件、授权程序、数据范围，及运营管理评价机制和退出机制等内容。①2022年，浙江省出台了《浙江省公共数据条例》，探索公共数据授权运营机制，推动数据要素市场化配置。该条例规定县级以上人民政府可以授权符合规定安全条件的法人或者非法人组织运营公共数据，授权运营单位可以加工公共数据形成数据产品和服务，并获取合理收益。

### （二）授权不授责问题

权力和责任是对等的，权力越大责任越大。公共数据授权运营要做到权责一致，授予多大的权力，就要求负多大的责任；要求负多大的责任，就应该授予多大的权力，促使被授权单位更加审慎地对待和行使被授予的权力。

打靶要打靶心，问责也要直击“靶心”。各地市在探索实践过程中，为实现精准问责，即找准失责问题和责任对象，必须注重防止两个问题：一是有权无责，被授权单位主动承担责任意识低，认为自己只是按要求完成相应工作，并将此作为免责的“护身符”和推卸责任的“挡箭牌”。同时，被授权单位开展公共数据运营工作时，容易出现随心所欲、缺乏责任心的情形，例如将保护数据安全“踩在脚底”，倒卖高敏感数据，泄露国家秘密、商业秘密和个人信息，从而侵害第三方合法权益。二是权责不对等，被授权单位只是代理行使一定权力，一旦发生重大事故，授权部门将承担主体责任，从而导致被授权单位在开展相关工作时疏忽大意，责任心也不强。

### （三）市场公平性问题

公平竞争是市场经济的核心。只有公平的竞争，才能实现数据要素的

① 胡蝶飞：《上海率先为公共数据授权运营立法 明年拟出台具体运营管理办法》，《上海法制报》2021年12月1日。

有效配置和市场主体的优胜劣汰。① 然而授权存在排他性，有违市场公平竞争原则，产生垄断与不正当竞争问题，扭曲市场竞争机制，破坏市场正常秩序，人为分割数据要素市场，不利于全国统一大市场的形成。

一方面，单一授权一家国有企业作为公共数据运营方，容易导致被授权企业垄断公共数据，将其他有能力的竞争者拦在市场之外，扼杀市场竞争，控制或支配着数据要素市场。同时，将助长公共数据寡头的诞生，垄断数据、垄断产品、垄断市场，逐渐形成“闭环”的数据垄断。这往往授人以柄，致使政府部门陷入“干预微观市场行为”的风波中。另一方面，在激烈的市场竞争中，被授权企业为了继续维持其优势地位或牟取暴利，有可能不惜采取不正当手段，损害他人合法权益，扰乱市场秩序，使市场竞争像无头苍蝇一样，无序发展。因此，如何进一步规范市场垄断与不正当竞争行为，打破市场分割，利用好“看不见的手”和“看得见的手”，推动“有效市场”和“有为政府”更好结合，成为当下的热点问题。

### （四）“两个婆婆”问题

目前，我国各地均选择授权国有企业作为公共数据运营方，这意味着，被授权国企要接受中央、省或市国资委和数据主管部门的双重管理，有“两个婆婆”。其一，国资委和国有企业是管理与被管理的关系，即国资委是被授权国企真正的“婆婆”。在实际管理工作中，国资委建立了国有企业综合绩效评价体系，即涵盖了盈利能力、债务风险、经营增长等财务绩效指标，也包括发展战略、经营决策、风险控制等管理绩效指标，对国有企业有着明确的经营目标绩效考核，是逐利的。其二，数据主管部门和国有

① 何立胜：《公平竞争制度是市场公平竞争的基础保障》，《学习时报》2020 年 3 月 18 日。

企业是授权与被授权的关系，业务上是管理与被管理的关系，即数据主管部门是被授权国企暂时的业务“婆婆”。由于国企的逐利性，容易导致与数据主管部门对公共数据授权运营的目标背道而驰。其三，国有企业容易出现目标不明确、监管不到位、竞争不公平等问题，致使企业经营机制不灵活、工作效率不高、大而不强，反而偏离公共数据授权运营的初衷。①

## 二、创新“数据运营生态圈”模式

公共数据作为全社会数据的重要组成部分，通过授权运营的方式，推进公共数据依法、有序、规范加工利用，充分挖掘公共数据价值，助推数字经济发展。公共数据授权运营是“主体、客体、对象、目的”四位一体的有机整体，应通过任务、角色、机制的创新，一一击破面临的深度问题，全面谋划、统筹兼顾、有序推进，构建“数据运营生态圈”模式。

### （一）任务新：种好“一棵树”，培育“一片林”

数据要素市场的繁荣，是凝聚产业力量共筑的繁荣生态。公共数据授权运营应着眼于构建公共数据运营生态，在数据要素市场发展中释放出最大红利。不仅要种好“一棵树”，也要培育“一片林”，要构建一个茂密的“热带雨林”，一个生机勃勃的“热带雨林”，让各类有能力、有担当、积极主动的市场主体加入“热带雨林”式数据运营创新生态中。在完整的生态系统中，有枝繁叶茂的大树、种类繁多的动物，也有深埋地下盘绕相通的根茎和提供大量营养的细菌，共同创建了“数据要素生态氧吧”。

不同于目前主流的单一授权模式，“数据运营生态圈”模式通过设立兼

---

① 刘现伟：《完善国企治理机制 提高国企经营效率》，《经济参考报》2019 年 4 月 8 日。

具权威性和灵活性的公共数据运营机构，作为两级数据要素市场的核心枢纽，以推动公共数据开发利用和要素价值释放为核心，采用分类分级管理的市场化方式，通过公平竞争，让符合条件的市场主体进场开发运营，培育数据要素生态。公共数据运营机构既不能完全行政化也不能过度市场化，政府主导、市场化运作的模式是一种较为合适的选择。一方面，政府及其机构具有权威性，为数据要素市场发展提供了可信环境；另一方面，市场化运作给予数据要素市场充分的灵活性，有利于促进市场主体良性发展。

### （二）角色新：既做“守门人”，也当“做市商”

在“数据运营生态圈”模式中，公共数据运营机构应兼具“守门人”和“做市商”双重角色。角色的转变和创新充分说明，公共数据运营机构在很大程度上关系到“热带雨林”式数据运营创新生态活力，关系到数据要素市场高质量健康发展前景。

1. 一级数据要素市场的“守门人”

一级数据要素市场是以政府行政机制为主，构建权威高效的公共数据管理机制，统筹配置公共数据。[①] 公共数据运营机构作为一级数据要素市场的“守门人”，要守住两扇“门”。一是守好公共数据运营服务商的“入场门”。公共数据运营机构通过分类分级管理模式，让“能者”进场，更充分地开发利用公共数据，形成更多产品和服务。二是守好公共数据资产的“合规门”。公共数据运营机构作为产品和服务的第一道把关者，通过数据资产登记和评估，开展实质性审核工作，对公共数据产品和服务作合规性“背书”。

---

① 傅建平：《深化数据要素改革 构建全国统一大市场》，光明网，https：//tech. gmw. cn/2022－01/05/content_ 35427475. htm。

2. 二级数据要素市场的“做市商”

二级数据要素市场以市场竞争机制为主，健全市场运行机制、交易规则和中介服务，满足主体多样性和高质量用数需求。公共数据运营机构作为二级数据要素市场的“做市商”，要当好市场的“晴雨表”。一是保持市场流动性合理充裕。公共数据运营机构通过重点领域公共数据产品和服务价格的定期监测，公正、客观地引导交易定价，稳定市场，稳中求进。二是提高市场流动性和活跃度。公共数据运营机构作为市场供需对接平台，统筹推进布局优化和结构调整，补齐领域发展短板，打通公共数据参与经济社会数据要素大循环的“关键一公里”。

### （三）机制新：集百家所长，融百家所思

我国数据要素市场尚处于初期培育阶段，亟须有“黏合剂”承接数据与市场这“两张皮”，避免数据融合应用和成果转化遭遇“滑铁卢”。而公共数据运营机构正是这“黏合剂”，通过体制机制的创新，博采众长，带动数据要素市场效益和效率的最大化。

公共数据运营机构的主要任务和角色定位，决定了其组织形式和运行机制既不能完全行政化也不能过度市场化，而是采用新型研发机构组织形式，即“不像高校，不像科研院所，不像企业，也不像事业单位”的“四不像”机构。其一，它综合高校、科研院所、企业、事业单位等各类机构的特色优势，坚守非营利属性，不定岗不定编，企业化运作，怎样有利于发展，就怎样设计、建设，体制机制更灵活。其二，它与传统高校的文化不同、与科研院所的内容不同、与企业的目标不同、与事业单位的机制不同，兼顾社会效益和经济效益，市场适应能力更强，既避免传统事业单位“小马拉大车”现象，又防止企业垄断造成“尾大不掉”的弊端。

# 第七章

# 筑牢安全发展基座

习近平总书记提出，“安全和发展是一体之两翼、驱动之双轮。安全是发展的保障，发展是安全的目的”。我国围绕数字政府安全从法律体系、制度体系、标准规范、顶层规划、技术应用、人才培养、生态合作等方面作出了一系列战略部署，积极开展创新实践并取得诸多成效。安全是数字政府发展的基座，只有从网络安全、数据安全和应用安全三个方面同时发力，才能夯实安全发展基座，保障数字政府的高质量发展。

## 第一节　打造网络的“铜墙铁壁”

网络是数字政府发展的“生命线”，筑牢网络的“铜墙铁壁”是保障国家安全、数字政府安全、个人信息安全的重中之重。当前，数字政府的网络安全治理已成为我国数字政府建设的重点。《国务院关于加强数字政府建设的指导意见》明确提出，“全面落实总体国家安全观，坚持促进发展和依法管理相统一、安全可控和开放创新并重，严格落实网络安全各项法律法规制度，全面构建制度、管理和技术衔接配套的安全防护体系，切实守住网络安全底线”。

党的十八大以来，以习近平同志为核心的党中央高度重视网络安全，围绕什么是网络强国、怎样建设网络强国、如何做好新形势下网络安全工作等问题提出了一系列要求。

## 延伸阅读

### 习近平总书记关于网络安全的论述摘编

网络安全和信息化是事关国家安全和国家发展、事关广大人民群众工作生活的重大战略问题，要从国际国内大势出发，总体布局，统筹各方，创新发展，努力把我国建设成为网络强国。

——在中央网络安全和信息化领导小组第一次会议上的讲话（2014 年 2 月 27 日）

安全和发展是一体之两翼、驱动之双轮。安全是发展的保障，发展是安全的目的。网络安全是全球性挑战，没有哪个国家能够置身事外、独善其身，维护网络安全是国际社会的共同责任。

——《在第二届世界互联网大会开幕式上的讲话》（2015 年 12 月 16 日）

网络安全和信息化是相辅相成的。安全是发展的前提，发展是安全的保障，安全和发展要同步推进。

——《在网络安全和信息化工作座谈会上的讲话》（2016 年 4 月 19 日）

没有网络安全就没有国家安全，就没有经济社会稳定运行，广大人民群众利益也难以得到保障。

——《在全国网络安全和信息化工作会议上的讲话》（2018 年 4 月 20 日）

没有网络安全就没有国家安全，过不了互联网这一关，就过不了长期执政这一关。

——在中共中央政治局第十二次集体学习时的讲话（2019 年 1 月 25 日）

国家网络安全工作要坚持网络安全为人民、网络安全靠人民，保障个人信息安全，维护公民在网络空间的合法权益。

——对网络安全宣传周作出的指示（2019 年 9 月）

网络犯罪已成为危害我国国家政治安全、网络安全、社会安全、经济安全等的重要风险之一。

——在中央全面依法治国工作会议上的讲话（2020 年 11 月）

## 一、网络安全新内涵

在全球网络威胁加剧的当下，网络安全早已成为数字政府的“生命线”。“十四五”时期是数字政府发展的关键阶段，这一新的历史机遇期将对网络的安全性、可靠性、稳定性提出更高要求，而“安全与发展同步推进”的必要性与重要性也将日益凸显。

### （一）本质是攻防对抗

习近平总书记指出：“网络安全的本质在对抗，对抗的本质在攻防两端能力较量。”网络攻击所针对的是目标网络的硬件、软件、系统数据等，破坏和修改数据、使软件或服务失去功能、在没有得到授权的情况下偷取或访问数据，都是网络攻击的重要途径。网络防护则是通过网络技术手段、网络系统功能等保护己方网络和设备，保障服务正常，使信息数据在存储和传输过程中不被截获、仿冒、窃取、篡改或消除。2022 年 4 月 28 日，北京市新冠肺炎疫情防控新闻发布会通报，北京健康宝使用高峰期遭受来自境外的网络拒绝服务攻击（DDoS 攻击①）。攻击者利用大量的电脑、服务

① DDoS 攻击是指利用分布式的客户端，向服务提供者发送大量看似合法的请求，消耗或占用大量资源，从而使服务器无法处理合法的请求。

器等网络设备，向支持健康宝运行的服务器发送海量的网络流量以达到使其瘫痪的目的。得益于北京健康宝保障团队及时有效的应对，健康宝相关服务未受影响，守方取得最终胜利。

2019 年以来，网络实战攻防演习工作受到了监管部门、政企机构和安全企业的空前重视。流量分析、EDR、蜜罐、白名单等专业监测与防护技术被防守队广泛采用。攻击难度的加大也迫使攻击队全面升级，诸如 0Day 漏洞攻击、1Day 漏洞攻击、团队社工、身份仿冒、钓鱼 Wi-Fi、鱼叉邮件、水坑攻击等高级攻击手法，在实战攻防演练中均已不再罕见，攻防演习与网络实战的水平更加接近。

### （二）关键是能力提升

面对新形势、新任务、新要求，提升网络安全技术能力是保障数字政府安全发展的关键，是推进网络强国建设的重要支撑。网络安全技术保障能力的建设需要以云计算、大数据、人工智能、区块链、量子保密通信等技术的综合应用为依托，以“以技术管技术、以技术治技术”为宗旨，运用云网融合、云边协同等架构推动网络安全智慧化发展，进而有效解决网络安全漏洞、勒索病毒等安全威胁并构筑起数字政府的“网络免疫系统”。

内生安全是提升安全能力的重要途径。内生安全就是将原有外挂和局部的网络安全能力内置到信息化环境中，满足数字化建设的安全防护需求，抛弃“事后补救”的安全建设思路，将防护关口前移，实现动态防御、主动防御、纵深防御、精准防护、整体防控、联防联控，从而建立动态综合的网络安全防御体系。

### （三）核心是自主创新

我国数字产业发展迅速，但核心技术受制于人的“卡脖子”问题依然存在。因此，明确技术主权、加强网络关键核心技术的自主创新对于我国的网络安全具有长远战略意义。其重心是加快推进数字政府网络和系统的国产化进程，提升网络安全技术自主创新能力和科技研发能力。从具体措施来说，要营造良好的网络科学技术发展环境，推进政产学研用一体化发展，鼓励企业打造技术联盟，集中优势资源力量，协力攻关数字政府网络安全技术难题，加大对科技人才的培养力度，提升数字政府网络安全产业综合竞争力，形成技术创新、产业发展、人才培养的良好生态，全方位提升我国在国际网络安全市场中的核心竞争力与话语权。此外，我国还应加强数字政府网络安全国际交流合作，正确处理开放与自主的关系，探索国际先进的数字政府网络安全经验，在技术创新、跨境网络犯罪、应急响应等方面开展合作以形成技术合力，进而构建数字政府网络安全共同体。

## 二、网络攻击新动向

### （一）面向政府的网络攻击频繁发生

随着数字政府建设的快速推进，数据融合、共享开放程度的加深导致了网络安全防护难度的提升，而数字政府自身作为超级数据平台，无疑面临着巨大的安全威胁和风险。近年来，针对政府机构的网络攻击事件频繁发生。国家计算机网络应急技术处理协调中心（CNCERT/CC）发布的《2020 年中国互联网网络安全报告》显示，2020 年国家计算机网络应急技术处理协调中心监测到了约 20 万个针对我国境内网站的仿冒页面，而实际遭到篡改的境内网站则有约 10 万个，其中包括 494 个政府网站。

### （二）网络空间国际博弈不断加剧

习近平总书记指出，网络已是当前意识形态斗争的最前沿，掌握网络意识形态主导权，就是守护国家的主权和政权。没有网络安全就没有国家安全。自1992年巴塞罗那奥运会首次运用计算机网络以来，网络攻击开始成为近年来对奥运会越来越明显的威胁。2022年1月，日本内阁网络安全中心（NISC）在《东京奥运会的网络安全对策和今后的措施方针》的报告中称，东京奥运会期间共遭遇约4.5亿次网络攻击，包括东京奥运会官网在内的众多网站曾瘫痪1小时。2018年平昌冬奥会开幕式当天，黑客组织成功通过鱼叉式钓鱼邮件攻击了奥运会相关系统，导致官网瘫痪12小时。显然，作为万众瞩目的全球性赛事，越来越“智能”的奥运会已经成为网络安全的重要战场。北京2022年冬奥会和冬残奥会期间，截至闭幕式结束，日均检测日志超37亿条，累积监测到各类网络攻击超3.8亿次。

由前述案例可以看出，随着网络信息技术的快速发展，网络疆域的概念扩大了各国国家安全的范围，网络空间日益成为各国安全博弈的新兴领域。全球网络空间安全形势持续变化，围绕网络空间国际规则制定和国际秩序建立的大国竞争日趋激烈，骨干网络、数据中心、政府系统、门户网站、核心技术等领域将成为新的战略要地。

### （三）网络攻击手段花样翻新

黑客及黑客组织的网络攻击影响已从网络空间扩展到了现实的物理空间和社会空间，是一种跨领域、跨空间的综合性威胁因素。在此基础上，政府正逐渐成为网络攻击的重点目标和对象，恶意程序、供应链攻击①、勒索病毒、安全漏洞、DDoS攻击、云平台攻击、APT攻击②、Web应用程序漏洞、数据窃取等各种攻击手段层出不穷。可以说，网络犯罪现象日益呈

---

① 供应链攻击是指通过攻击供应链上游厂商的软件、代码等，达到入侵下游客户目的的攻击形式。

② APT攻击，即高级可持续威胁攻击，也称为定向威胁攻击，指某组织对特定对象展开的持续有效的攻击活动。

现专业化、商业化、组织化等特点。2020 年 4 月，德国西部北莱茵威斯特法伦州政府网站遭遇钓鱼攻击，黑客通过创建政府网站副本，诱导用户注册信息，代表用户向政府提出资金援助请求并替换收款账户，结果造成超过 3150 万欧元的损失。2022 年 4 月，哥斯达黎加遭受 Conti 勒索软件攻击，至少 27 个政府机构受到影响，其中 9 个情况较为严重，出现如征税工作受阻、公务员工资发放金额错乱等问题。

### （四）网络攻击瞄向民生领域

近年来，民生领域也成为网络攻击的重点对象。2020 年 1 月，英国教育部数据库的信息访问权被一家博彩公司非法获取，该数据库包含 2800 万名儿童的信息记录，包括学生姓名、年龄及详细地址等，该事件是英国历史上最大规模的数据泄露事件之一。2021 年 9 月，新西兰电信运营商 Vocus 遭受网络攻击，多地区网络服务中断，民众无法远程办公且日常生活也受到影响。不难发现，政府是与民生关联最紧密的组织，它承载着大量的公共服务职能，一旦遭到网络攻击，政务服务将会大面积瘫痪，最终影响政府公信力乃至对社会稳定等造成冲击。奇安信威胁情报中心 2020 年监测数据显示，高级威胁攻击活动覆盖了全球绝大部分国家和地区，其中，提及率最高的 5 个受害国家分别为中国（7.4%）、韩国（6.6%）、美国（4.9%）、巴基斯坦（3.2%）和印度（3.2%）。医疗卫生行业首次超过政府、金融、国防、能源、电信等领域，成为全球 APT 攻击关注的首要目标。

## 三、网络防护需要新应对

### （一）由“局部防护”向“综合防控”转变

网络安全问题和社会的深度交织使其复杂程度已经超越了技术本

身，成为影响数字政府建设和经济社会发展的全局性问题。对此，我国应从“局部防护”转向“综合防控”，其主要措施可以概括为以下两个方面。

第一，应明确数字政府网络安全的战略地位，尤其是明晰网络安全牵一发而动全身的根本特征。我国政府应厘清威胁来源和攻击手段的动态变化，明确立足基本国情保障数字政府网络安全的意义，树立“网络安全为人民，网络安全靠人民”的观念，时刻铭记“网络安全与人民利益息息相关，提升网络威慑也是一场人民战争”。

第二，应打造覆盖建设、运营、维护和使用等各阶段的全网安全免疫系统。具体来说，要构建贯穿数字政府顶层设计、建设、运维运营各阶段的多层次、多维度的网络安全体系和规范制度，同步规划、同步建设、同步使用网络安全策略，强化端到端的网络安全控制，形成政府、企业、社会组织、网民多元参与建设、维护、治理的局面，充分发挥网络安全的堡垒作用，为数字政府发展保驾护航。

### （二）由“被动防御”向“主动防控”转变

传统网络安全的“被动防御”手段通常是网络遭受攻击后再根据攻击情况采取查杀等行动，这也造成了防御滞后于攻击。现阶段，传统的网络安全防护理念与方式已无法有效应对当前复杂的网络环境和纷繁多样的安全威胁。因此，我国必须加强数字政府网络安全动态监测和主动防控，提升数字政府网络安全动态监控、主动防御、协同响应技术保障体系，实现网络安全威胁闭环管理，构建“平战结合”的模式，进而由“被动防御”转向“主动防控”。

除了主动防控外，还应注重数字政府网络安全风险的动态防御、全局防御、纵深防御。通过技术、体制机制等手段提升网络安全态势感知、监测预警、风险评估、隐患排查、攻击溯源、事件处置等能力，加强对突发网络安全事件的预测、预警和预案，加强大规模网络安全事件、网络泄密事件预警和发现能力，为网络安全运营与网络安全风险管理提供更科学的闭环路径，提高网络安全的主动防控能力和应急响应能力。

开展常态化的实战应急演练亦十分重要。通过对目标系统、人员、软硬件设备、基础架构等，进行多维度、多手段、对抗性模拟攻击，检验现有防御措施的实际安全性和运营保障的有效性，及时发现网络安全威胁和网络安全防护问题，针对安全措施的薄弱环节及时整改，优化安全策略，加强网络安全建设力度，切实提升应急处置效率和实战能力，以考促练，以攻促防，全面提升网络安全防护能力、实战水平。

### （三）由“看不见、摸不着”向“可量化、可评估”转变

为切实衡量网络安全防护效果，应开展数字政府网络安全评估，搭建全方位、多维度的评估体系。通过了解数字政府网络安全防护现状及所面临的挑战，防范和化解网络安全风险，提高整体安全防护能力。2020 年，广东省依据国家对数字政府网络安全保障工作的要求，结合广东数字政府改革建设实际需求，发布了国内首个数字政府网络安全指数，并组织开展 2021 年度数字政府网络安全指数评估工作。通过对广东省 21 个地市约 6.6 万项相关数据进行采集分析，从安全管理、安全建设、安全运营、安全效果等维度客观反映了广东省 21 个地市数字政府网络安全防护现状及存在的问题，并为各级政府网络安全发展提供了解决方案。[①] 广东省数字政府网络安全工作实现了由“看不见、摸不着”向“可量化、可评估”的转变，形成了良好的示范效应。

---

① 广东省“数字政府”改革建设工作领导小组办公室：《2021 广东省数字政府网络安全指数评估报告》，广东省政府网，http://zfsg.gd.gov.cn/attachment/0/482/482592/3829046.pdf。

## 第二节　我的数据谁做主

### 一、“流动的”数据安全

《数据安全法》将数据安全定义为，通过采取必要措施，确保数据处于有效保护和合法利用的状态，同时具备保障持续安全状态的能力。数据安全保护义务是保证数据处理全过程的安全，这里的全过程包括数据的收集、存储、使用、加工、传输、提供、公开等。数据安全的核心在于保障数据的安全与合法有序流动。

#### （一）从静态到流动的安全

在政府信息化的初始阶段，电子政务安全主要以网络安全和信息安全为核心，而广义概念上的信息安全包含数据安全。数据安全主要是依赖网络隔离而形成的内部数据安全和外部数据安全，内部保障静态的数据库安全，外部防止非法入侵以维护数据传输安全。而到了数字政府阶段，政府数据的开放共享以及全社会数据的交易流通要求数据从静态安全到数据从采集、加工、存储、共享、交易等过程流动的、持续的安全，涉及的安全责任主体、技术手段、风险因素都更加复杂。

#### （二）从系统到云端的安全

“十四五”规划纲要明确要求，完善国家电子政务网络，集约建设政务云平台和数据中心体系，推进政务信息系统云迁移。由此，近年来政府和企业纷纷将业务系统部署在云端，数据安全的边界也从系统延伸到云端。根据 2022 年 6 月赛迪顾问发布的《2021—2022 年中国政务云市场研究年度报告》，2021 年全球政务云市场整体规模为 594.1 亿美元，比 2020 年的 523.0 亿美元增加 71.1 亿美元，增速再创新高。与此同时，随着政府对政务云安全的重视程度不断提高，政务云安全和运维市场规模增长趋势明显，2021 年整体市场规模达 137.7 亿美元。

### （三）从技术到人为的安全隐患

随着数据安全问题的多样化，涉及企业资金安全的人为隐患明显增加。根据 2021 年 5 月 13 日 Verizon 发布的《2021 年数据泄露调查报告》（DBIR），2021 年数据泄露的主要原因是 Web 应用程序攻击、网络钓鱼和勒索软件，其中 85% 的数据泄露涉及人的因素。钓鱼邮件是最常用的攻击手段之一，即便是安全意识较强的人员或管理者，也很容易被诱骗点开邮件中的调研链接或木马附件，进而导致关键终端被控，甚至整个网络沦陷。总体来说，当前社会中公民的数据安全意识仍较为薄弱，这将是下一步改善数据安全所需要关注的重点领域。

### （四）从国内到跨国的数据安全

随着数据的属性从资源变成资产，再转变成数据要素，可以说数据已经成为重要的战略资源。而数据跨境流动正是数字经济时代最重要的特征，同时也是全球经济增长的新引擎。各国纷纷制定数据战略，完善国家法律以保护数据跨境流动安全。典型案例有：欧盟发布《通用数据保护条例》（GDPR）对收集、传输、保留或处理涉及欧盟所有成员国国内的个人信息的机构组织进行约束；我国《数据安全法》提出要积极开展数据安全治理、数据开发利用等领域的国际交流与合作，参与数据安全相关国际规则和标准的制定，促使数据实现安全、自由的跨境流动。

## 二、数字政府的数据安全

加快全国一体化政务大数据体系建设，加强数据治理，依法依规促进数据高效共享和有序开发，充分释放数据要素价值，保障包括政务数据在内的各类数据的信息安全。复旦大学数字与移动治理实验室发布的《中国地方政府数据开放报告——省域（2021 年度）》[①] 显示，截至 2021 年 10 月，我国已有 193 个省级和城市的地方政府上线了数据开放平台。随着我国各地数据共享开放平台、跨省通办和国家一体化政务服务平台的建设应用，政府部门积累的各类别数据不断增多，部分数据更是涉及国家安全、商业秘密和个人隐私等机要信息，加强政府的数据安全刻不容缓。

### （一）数据安全是数字空间的国家主权

数据主权是国家对数据与相关技术、设备、服务商等的管辖权及控制权，具体体现为域内的最高管辖权和对外的独立自主权、国际事务的参与决策权。数据主权是国家主权在数字空间中的自然延伸，是国家主权的重要组成部分。自 2013 年美国的“棱镜门”[②] 事件曝光后，世界各国开始意识到数据安全对于国家安全的重要性，纷纷出台数据战略维护国家数据主权，我国也将数据安全列入国家总体安全观。2019 年 12 月，美国政府发布《联邦数据战略》和《2020 年行动指南》，明确数据是一种战略性资源，应通过完善法律、制定数据标准等措施对数据进行规范以满足其在国内和国际层面的治理和安全要求。[③] 2020 年，欧盟出台了《欧盟数据战略》，该文件提出要建设统一的欧盟数据市场，一方面推动全球数据进入欧盟，另一方面也要确保个人和商业数据的安全。

我国高度重视数据安全对国家主权的影响。2020 年，中国发起《全球

---

① 复旦大学数字与移动治理实验室：《中国地方政府数据开放报告——省域（2021 年度）》，中国开放数林指数网，http：//ifopendata. fudan. edu. cn/report。

② “棱镜门”（PRISM）是一项由美国国家安全局自 2007 年小布什时期起开始实施的绝密电子监听计划。

③ 杨楠：《美国数据战略：背景、内涵与挑战》，《当代美国评论》2021 年第 3 期。

数据安全倡议》，倡议内容包括：反对利用信息技术破坏他国关键基础设施或窃取重要数据；采取措施防范制止利用信息技术侵害个人信息，反对滥用信息技术从事针对他国的大规模监控；要求企业尊重当地法律，不得强制要求本国企业将境外数据存储在境内；未经他国允许不得直接向企业或个人调取境外数据；等等。为了巩固数据主权，我国还在 2021 年推出了《数据安全法》，该法律初步建构起我国数据安全的法治框架，为保障数据安全、促进数据开发利用提供了重要支撑。同时，该法也是我国维护国家主权、发展数字经济、建设数字政府的法治基石。

### （二）数据安全是公共安全的保障

公共安全是社会治理的重要内容，而数据安全则是公共安全的基石。随着社会风险挑战的形态与影响日益广泛、多元和复杂，诸多数据安全问题需要公共部门协同应对，推动社会治理由“管控”向“智控”转变。2020 年的新冠肺炎疫情既是对我国社会治理能力的大考，同时也是进一步完善社会治理体系的契机。国务院办公厅建设的全国一体化政务服务平台整合了各地方、各部门的防疫服务，不仅能够准确发布疫情的实时动态，同时还能让民众获得新冠肺炎患者同行查询、核酸检测预约、核酸结果查询、预防和就医指导等服务。此外，由于该平台能够通过手机终端登录，有效地减少了民众的线下活动，降低疫情传播风险。该平台通过手机信令数据推出的“行程码”也为疫情跟踪和监测提供了可靠手段支持。

### （三）数据安全是经济发展的基石

随着以数据为新生产要素的数字经济蓬勃兴起，数据安全这一议题已经在全球范围内引起高度关注。2018 年欧盟《通用数据保护条例》（GDPR）出台，该条例指出隐私条例应强制执行。2020 年，GDPR 每天平均报告 331 次数据违规。万豪、英国航空、谷歌等全球知名企业都曾因数据泄露等安全事故被处以巨额罚款。2021 年，我国颁布的《数据安全法》明确支持促进数据安全与发展、推进政务数据开放利用的相关措施，强调要充分发挥数据的基础资源属性和创新引擎作用，加快形成以创新为主要支撑的数字经济，更好地服务我国经济社会发展。

### （四）个人信息安全不可忽视

习近平总书记指出，国家网络安全工作要坚持网络安全为人民、网络安全靠人民，依法依规保障个人信息安全，维护公民在网络空间的合法权益。近年来，涉及个人信息的信息安全事故屡见不鲜，极大地影响了人民群众的幸福感、获得感、安全感。对于政府部门而言，其拥有大量个人数据的特点更应促使自身承担起保护群众个人信息的责任。2021 年 4 月 Facebook 发生数据泄漏，涉及来自 106 个国家和地区超 5 亿用户个人信息被公布于网上，具体内容包括用户的电话号码、Facebook ID、全名、位置、出生日期、简历、电子邮件地址等隐私数据。该事故在世界范围内引起了极大关注，同时也为各国政府、企业、个人敲响了信息安全防范的警钟。再如，近年随着电动汽车的快速发展，用户数据的保护问题日益突出，涉及特斯拉等国外厂商的数据出境问题也带来严重的数据安全问题。

## 三、数据安全面临的挑战

### （一）内外部数据安全问题层出不穷

国内政企在数字化转型过程中，由于数据安全的防护能力尚未成熟，众多不法分子利用爬虫技术窃取倒卖个人数据，公司员工泄漏内部数据、平台之间内部交易变现等事故亦频繁发生。另外，境外势力恶意窃取、境内企业贪图盈利也带来潜在的数据跨境流通安全风险。2022 年 4 月，某信息技术公司为境外公司开通远程登录端口，违法采集、传递高铁信号数据给境外公司达到500GB，造成我国铁路信息数据严重泄漏，危及国家安全。近几年，我国连续开展App侵害用户权益专项整治，因违规收集个人信息、大数据杀熟、弹窗广告等违规行为被通报，下架的违法违规App累计近3000款。近年来，已经有滴滴出行、运满满、货车帮等多家知名企业，先后被网络安全审查办公室启动网络安全审查。

### （二）数据分类分级保护落地艰难

受数据来源主体、应用场景多样化的影响，对全社会的数据进行分类分级难度较大，因此也较难建立有利于数据交易流通的统一数据安全管理标准。数据离开原有载体后，不同环境数据的安全保护标准可能会不一致，这也是影响数据安全的风险之一。

### （三）互联网平台企业垄断问题凸显

大型平台经营者滥用数据、技术、资本等优势实施垄断行为、进行无序扩张，这无疑是妨碍公平竞争、抑制创业创新、扰乱经济秩序、损害消费者权益、不利于建设全国统一大市场的失序商业行为。根据市场监管总局公布的数据，截至2021年7月，已累计处理22起违反反垄断法的实施经营者案件，涉及阿里巴巴、美团、滴滴出行等多家企业。

## 四、推动数据安全有序流动

在数字时代，数字政府建设要以数据安全为底线，建立全局性、系统性的数据安全保障体系。具体措施包括推进数据分类分级制度、加强数字技术创新和应用、完善数据确权法律制度、防止平台经济数据垄断等。

### （一）分类分级实现精准防护

对数据实行分类分级保护，按照数据对国家安全、公共利益或者个人、组织合法权益的影响和重要程度，将数据分为一般数据、重要数据、核心数据。对于不同级别的数据应采取不同的保护措施，同时还要确定重要数据和核心数据目录，提高政府和企业对数据的精准防护。展开而言，一是利用安全技术对数据进行分类分级、脱敏、加密等处理，防止敏感数据在存储、传输和使用过程中被不法分子窃取；二是在网络安全等级保护制度的基础上，建立健全全流程数据安全管理制度，对个人信息和重要数据进行重点保护，对核心数据实行严格保护；三是明确重要数据处理者的数据安全负责人和管理机构，落实数据安全保护责任主体，国家机关在政务数据安全与开放过程中，对在履行职责中知悉的个人隐私、个人信息、商业秘密、保密商务信息等数据应当依法予以保密，不得泄露或者非法向他人提供；四是加强对参与政府信息化建设、运营企业的规范管理，确保政务系统和数据安全管理边界清晰、职责明确、责任落实；五是强化数据出境安全管理，对关键敏感数据的出境进行控制，加强对关键信息基础设施的运营在中华人民共和国境内收集和产生的重要数据的出境安全的管理，使数据在境内外都能得到有效保护，维护国家数据主权。

### （二）技术赋能助力共享开放

加强数据安全应用的基础技术与新兴技术的创新研发与应用，为数据主体提供安全的数据共享开放环境，促进数据安全利用。其主要举措可以概括为三个方面，一是构建从数据采集、传输、存储、共享、交易等全流程的数据安全防护技术体系，根据业务场景需求建立主动防控风险的技术体系。二是利用新兴技术如区块链、联邦学习、密文检索、多方安全计算的组合应用，解决数据利用与数据保护之间的矛盾问题，做到数据共享的“可用不可见”，解决数据信任和隐私保护、溯源等难题。三是统筹社会力量，提高全社会数据安全技术的供给能力，通过政府部门制订行动计划，组织有能力的社会组织建设数据安全能力开放平台，外化输出自有技术能力和解决方案，分摊企业的创新成本，加快技术创新的扩散。北京市海淀区是其中的典型案例，它在2018年开始探索区块链技术在政务服务领域的应用。截至2021年12月，海淀区已有14类国家级数据，24类市级数据，6类区级数据链上应用，累计实现605个政务服务应用场景落地，平均减少办事人提交材料40%以上。利用区块链技术，原始数据保留在各数据生产部门，数据“可用不可见”，且其在传输、使用的过程中都可以留痕，有效防止篡改、便于追溯，极大地提高了政务数据的安全性。

### （三）防止垄断，推动公平竞争

平台经济是以互联网平台为主要载体，以数据为关键生产要素，以新一代信息技术为核心驱动力、以网络信息基础设施为重要支撑的新型经济形态。[①] 平台经济的数据垄断包含对数据量的垄断和将数据作为强化垄断的工具。企业或平台组织通过对数据的收集、处理、存储、分析、应用虽然提升了数据集中度，但同时也促使相关企业在数据的总量、类型、处理分析能力、应用开发等层面展开激烈竞争。[②] 平台经济掌握的海量数据导致其容易滥用市场支配地位，或与其他经营者达成、实施垄断协议，产生如不公平价格、低于成本销售、拒绝交易、限定交易、搭售或者附加不合理交易条件等严重损害市场公平竞争和消费者合法权益的行为。《中共中央 国务院关于加快建设全国统一大市场的意见》提出要推进市场监管公平统一，通过强化统一市场监管执法，推进维护统一市场综合执法能力建设，加强知识产权保护、反垄断、反不正当竞争执法力量，着力强化反垄断，完善

---

① 《国家发展改革委等部门关于推动平台经济规范健康持续发展的若干意见》，中华人民共和国中央人民政府网，http：//www.gov.cn/zhengce/zhengceku/2022－01/20/content_5669431.htm。

② 郭大磊、刘东：《信息社会数据垄断危害及其检察应对》，《检察日报》官网，http：//newspaper.jcrb.com/2021/20210907/20210907_003/20210907_003_3.htm。

垄断行为认定法律规则，健全经营者集中分类分级反垄断审查制度，破除平台企业数据垄断等问题，防止其利用数据、算法、技术手段等方式排除、限制竞争。同年，国家发展改革委等部门发布《关于推动平台经济规范健康持续发展的若干意见》，强调要坚持规范和发展并重，建立健全平台经济治理体系，修订《反垄断法》并完善《数据安全法》《个人信息保护法》的配套规则，细化平台企业数据采集、处理、应用的具体规范，提高监管技术和手段，推动平台经济健康可持续发展。

## 第三节　给应用戴上“紧箍咒”

数字政府建设涉及党政机关运行和城乡管理服务等多个方面，具有分散度高、渗透性强等特点。因此，相关应用安全问题已成为政府、企业、社会组织和个人的关注焦点。有效治理和防范应用安全风险，是确保数字政府高质量、高效率、可持续发展的基础和保障。尤其在新冠肺炎疫情的常态化防控下，政务服务“一网通办”、政务服务“跨省通办”、健康码、行程码等通信大数据的广泛应用对数字政府建设过程中的应用安全提出了更高的要求。

### 一、应用安全因何而起？

#### （一）应用场景复杂化

数字政府作为一个惠企惠民的庞大系统工程，涉及城市运营、营商环境、民生保障、行政效能、公共支撑等诸多领域的创新应用，旨在打造优质便捷的普惠服务体系、整体高效的政府运行体系、公平公正的执法监管体系、全域智慧的协同治理体系。随着数字政府应用场景日趋多样化、业务环境开放化、业务生态复杂化，应用系统运行数量、集中程度与互联互通程度增加，API 等接口数量提升，风险暴露面亦随之增大，应用安全保障难度大幅提高。此外，因参与提供应用服务角色众多，仍存在人员安全管理、建设管理、运维管理等方面的监管薄弱环节，人员录用、安全培训、访问控制等安全管理风险依然较大。此外，在建设管理风险方面，存在安全方案不完善、应用开发不符合程序、实施未进行安全验收或验收不严格等问题。运维管理风险则有关键性能指标监控、攻击防范措施、应急保障措施不完善等情形。

### （二）服务要求“实时”化

随着移动互联网的发展，政府在网上的应用服务已经渗透到社会生活的方方面面并逐渐成为广大民众日常生活的重要工具。因此，应用的稳定及高效运行至关重要，这也对数字政府平台和业务应用的安全运营保障团队能力提出了更高的要求。此外，“一网通办”“一网统管”等新兴服务模式实质上是政府流程的优化再造，需要以政府部门间的高效协同作为基础和前提。以“一网通办”为例，目前网上政务服务基本实现了各部门在政务服务平台的“物理集中”，但是距离实现整体服务的目标仍有差距。数字政府的深化应用需要从数字政府整体战略出发，统筹规划数据资源，重塑组织流程，推动政府部门数据的共享开放，促进政务数据资源的整合共享，进而提供全面支撑业务协同与高效的应用服务。

### （三）终端渠道“在线”化

中国互联网络信息中心（CNNIC）发布的第 49 次《中国互联网络发展状况统计报告》显示，截至 2021 年 12 月，我国网民规模达 10.32 亿，其中手机网民规模达 10. 29 亿，占比高达 99. 7% 。公众对数字政府移动应用的需求越来越大，依赖性逐渐增强。可以说，应用移动化已普遍融入到政府部门日常办公与政务服务当中。近年来，国家和地方政府持续推动政务服务事项网上办、掌上办、一次办，以 App、小程序等为主要载体的移动政务服务平台快速发展。如北京通、津心办、冀时办、随申办、浙里办、粤商通、渝快办等移动平台的开设提升了政务服务的便捷性。2021 年，复旦大学数字与移动治理实验室发布的《中国省级移动政务服务报告》显示，各省份均已上线了移动政务服务应用，其政务服务 PC 端亦在官网上提供下载。而在 iOS、安卓等应用市场上，逾 90% 的省份上架了移动政务服务应用。

在新冠肺炎疫情防控常态化的特殊背景下，应用移动化已成为政府数字化建设不可或缺的重要一环，但在具体运营过程中仍存在诸多安全挑战。如移动应用是否经过安全加固、是否存在安全漏洞、应用发布渠道是否规范、应用认证逻辑方式是否单一、政府工作人员操作是否合规等，都是急切需要关注的重要问题。

## 二、应用安全解决之道

### （一）以问题需求为导向，寻求动力

数字政府面向百姓、企业的服务触点日益增多，这一趋势变化旨在提供便捷、稳定、安全的优质服务体验。但由于技术、管理、体制机制等原因，山寨应用、违规内容、恶意收费、诱骗欺诈、广告推送、消费陷阱、隐私窃取等应用安全问题频频发生。由此，政府应以实际问题及群众需求为导向，以“为群众办实事”为宗旨破解应用安全问题，主要措施可以概括为以下两个方面。

1. 突出问题导向

保障数字政府应用安全，首先应树立问题意识。问题是实践的起点，只有找准问题，才能保障精准施策、靶向突破。在聚焦实际问题的基础上，全面分析影响数字政府应用安全发展的体制机制、政策制度、标准规范、技术、人才中的痛点难点，瞄准影响数字政府应用安全的全局性问题，有序稳步推进挖潜增效和创新管理工作。

2. 坚持需求导向

此外，破解应用安全问题还需聚焦城市管理者、公务人员、企业、公民的安全需求，切实提高政府履职能力，合理规划数字政府建设的重点项目、应用场景、安全体系，提高公共服务的时效性、规范性和权威性，有效提升政府治理水平。

### （二）以全生命周期为对象，加强防护

构建基于应用的全生命周期安全体系，让安全理念、技术、策略贯穿应用在设计开发阶段、发布上线阶段、使用运营阶段等生命周期的各个环节。主要举措可以概括为以下四个方面。

一是将安全工作前置在设计开发阶段，安全前置是保障数字政府应用安全的核心。部分应用在设计阶段并未充分考虑安全需求，而是等安全事件被通报后再进行整改。如此，安全技术措施和制度等方面无疑存在漏洞，而安全策略也将滞后于业务发展。因此应在设计阶段就开始融入安全设计理念、搭建安全架构，尽早地用最低成本解决最大比例的安全风险。

二是通过技术手段强化安全防护能力。综合利用区块链、安全审计等技术手段提升数字政府应用的安全防范能力和风险防控能力，加速原创性、引领性的科技攻关，强化关键核心技术的创新能力，构建全方位、多层次、一体化的防护体系，切实保障数字政府应用安全平稳地高效运行。

三是推动自动化应用安全测试。将自动化安全测试工具与应用研发流程融合，对发布上线的应用进行病毒扫描、隐私泄漏分析等多种自动化安全检测，提升测试效率和精确率。同时还应注重应用供应链的安全问题，即除了保证自研代码安全、开源依赖安全之外，也应确保开发设计、上线发布过程是可追溯、可审计的。

四是在应用使用、运营、维护阶段，建立风险预警机制。一方面，要构建风险监控和管理制度，从管理、技术手段等方面建立专业的、系统的安全防护体系；另一方面，也要提升数字政府应用的安全态势感知、监测预警、风险评估、隐患排查、攻击溯源、事件处置等能力，有效识别、分析、溯源、处置各类应用风险和威胁。目前，工业和信息化部已主导建成了全国 App 检测平台，每个月能够检测 18 万款 App，该检测平台为引导数字政府应用运营者规范平台运营、规范市场秩序作出了突出贡献。

2022 年 3 月 25 日，《华为应用市场 2021 年度安全隐私报告》发布。报告显示，在应用上架前，华为应用市场对开发者进行严格的资质审核；应用上架时，华为采用自动化测试和人工复核相结合的方式对应用市场上架应用进行恶意行为检测、隐私泄露检查、安全漏洞扫描、人工实名复检，合计处理了超过百万次的应用上架申请；在系统自动化测试方面，华为对应用市场上架应用进行了计算机病毒扫描，广告行为分析，隐私泄漏分析，兼容性、稳定性、耗电性能、权限使用等多种安全检测。

### （三）以多元参与为支撑，实现共治

《网络安全法》作为网络安全管理的基础性保障法，它为网络产品、服务的治理确立了基本框架，同时也就网络运营者接受社会监督和受理公众举报等内容作出了明确规定。数字政府高质量、高效率的可持续发展需要多方参与，唯有充分发挥政府、企业、公众等多方力量共同参与治理，构

建政府监管、企业自律、媒体监督、社会组织和用户共同参与的综合监管格局，构建数字政府应用安全共同监督、协同治理的长效机制，方能形成数字政府应用安全多元共治、齐抓共管的格局。

1. 政府是主导方

政府应加强应用安全保障体系和保障能力建设，持续推进数字政府应用安全法律法规制度的制定与优化。尤其是要基于《网络安全法》《数据安全法》《个人信息保护法》等法律法规为数字政府应用安全领域配套相关标准，加快治理手段革新，提高网络社会时代的治理能力，制定完善的应急预案。此外，还应加强数字政府应用安全保障队伍建设，健全跨地区、跨部门应用安全保障长效工作机制、全链条监管机制、综合治理机制等，积极引导推进政府与企业、公众在应用安全领域的有效结合与良性互动。

2. 企业是建设运营方

面向应用生命周期所涉及的分工协作、联合攻关、平台环境均是由企业以及开发者共同完成的。在这一意义上，企业是应用的建设方、维护方，因而背负着责任。企业应将安全策略贯穿应用生命周期，完善安全防护能力建设，推进人员安全管理、建设安全管理、运维安全管理等体制机制建设，建立完善的应用安全监测预警和应急处置机制。同时，企业还要加强自我监管，提高安全责任意识，履行安全主体责任。

3. 公众是直接使用方

随着数字政府应用服务日益丰富，公共数据的信息量级不断增长，由此诱发的应用安全事故已然成为影响公众生活质量及财产安全的“重灾区”。公众作为应用的直接使用者及参与应用安全治理的强大力量，要充分发挥自身的公共参与能力，提高监督效率，及时举报相关应用的违规现象。而政府亦应当通过安全宣传活动、新媒体等途径提高公众对移动应用安全问题的关注度，建立畅通的监督举报渠道和完善的奖励机制，降低公众参与应用安全治理成本，最终提高公众参与应用安全治理的积极性并营造安全的数字应用环境。

## 三、为安全应用护航

互联网和社会的深度融合使偷窃、诈骗、恐怖主义等传统违法犯罪行为逐渐走向数字化和网络化，这无疑给国家安全、公众利益、社会稳定带来了极大的挑战。安全稳定、公平合理的发展环境，是保障数字政府应用安全、新生业态蓬勃发展的重要保障。若要为安全应用护航，政府应主动推进以下几个方面的工作。

### （一）聚焦综合监管

政府应建立全链条、全方位、多层次、立体化的监管体系。具体来说，要完善监管手段，拓展监管渠道，对应用相关方、第三方软件开发工具包（SDK）等实现监管链条全覆盖，建立健全监督奖惩机制，构建政府监管、企业自律、媒体监督、公众参与的综合监管格局。2022 年 2 月，交通运输部、工业和信息化部、公安部、国家网信办等 8 部门联合修订发布《关于加强网络预约出租汽车行业事前事中事后全链条联合监管有关工作的通知》，针对网约车平台提出了事前联合监管的要求，并细化了全链条联合监管流程。由此，反垄断监管“见效”，相关应用的发展环境得到改善。

### （二）开展专项整治

近年来，国家积极开展应用安全领域的专项整治活动，着力构建公平合理的发展环境。2021 年，国家网信办部署开展“饭圈”乱象整治、春节网络环境整治、用户账号运营乱象整治等 15 项“清朗”系列专项行动，累计下架应用程序、小程序2160余款，关闭网站320余家。[①] 针对App安全问题，工业和信息化部通过制定标准、技术检验、专项整治、行业自律等措施，大力整治应用安全问题，深入开展App侵害用户权益专项整治行动。2021年工信部全年累计检测208万款App，其中1549款违规App被通报批评，而514款拒不整改的App更是被作下架处理。[②]

### （三）推进安全认证

维护应用安全，还需要建立健全数字政府应用领域的权威公信安全认证体系，引导运营者主动规范平台运营。2019年3月，国家市场监管总局、中央网信办联合发布《关于开展App安全认证工作的公告》。公告指出，认证环节主要包括认证申请和受理、技术验证、现场审核、认证决定、证后监督等。针对App的版本迭代频率高的特点，公告强调要对获证App进行持续性的自动化、智能化监测，充分利用互联网发挥网民监督、投诉举报的作用。一旦在认证中出现违规现象，相关机构将要求获证App运营者在限期内进行整改，并对整改结果进行验收。未在规定期限内完成整改或整改结果未通过验收的，暂停、撤销或注销认证。

---

① 《2022年"清朗"系列专项行动举行新闻发布会》，中国网信网，http：//www. cac. gov. cn/2022 -03/17/c_ 1649125522577850. htm。

② 《国新办举行促进工业和信息化平稳运行和提质升级发布会图文实录》，国务院新闻办公室网站，http：//www. scio. gov. cn/xwfbh/xwbfbh/wqfbh/47673/47933/wz47935/Document/1720869/1720869. htm。

# 第八章

# 提升数字素养

2018 年 4 月 20 日，习近平总书记在全国网络安全和信息化工作会议上的讲话中强调，各级领导干部特别是高级干部要主动适应信息化要求、强化互联网思维，不断提高对互联网规律的把握能力、对网络舆论的引导能力、对信息化发展的驾驭能力、对网络安全的保障能力。这四种能力是新时代领导干部顺应时代发展要求必须具备的素质，领导干部要注重提高这四种能力，在工作中转变工作思路、创新工作方法、开创工作新局面。2021 年 11 月，中央网络安全和信息化委员会印发的《提升全民数字素养与技能行动纲要》提出，要提升领导干部和公务员数字治理能力，加大领导干部和公务员信息化培训力度，引导领导干部和公务员运用网络了解民意、开展工作，提升学网、懂网、用网的能力。《国务院关于加强数字政府建设的指导意见》也指出，要提升数字素养，构建全民数字素养和技能培育体系，提升干部队伍数字思维、数字技能和数字素养，深入研究数字政府建设中的全局性、战略性、前瞻性问题。本章挑选了当下具有代表性的、处于时代前沿的数字时代议题，抛砖引玉，希望能引发广泛的讨论。

## 第一节　增强“数字意识”

### 一、树立正确的网络观

时代的发展瞬息万变，互联网的技术更迭也是日新月异，社会的数字化转型正在全面加速。为顺应时代发展，政府要积极拥抱网络社会，通过大数据、云计算、人工智能、物联网、区块链等新一代数字技术了解公众意愿、服务人民群众、增进社会共识，进而通过推动数字政府建设以实现政府运行、决策、服务、监管能力的数字化，提升行政效能，推动国家治理能力和水平现代化。

## 延伸阅读

### 习近平总书记关于互联网的重要论断

2012 年 12 月 7 日，习近平总书记在广东深圳调研考察时指出："现在人类已经进入互联网时代这样一个历史阶段，这是一个世界潮流。"

2014 年 2 月 27 日，习近平总书记在中央网络安全和信息化领导小组第一次会议上的讲话中强调，做好网上舆论工作是一项长期任务，要创新改进网上宣传，运用网络传播规律，弘扬主旋律，激发正能量，大力培育和践行社会主义核心价值观，把握好网上舆论引导的时、度、效，使网络空间清朗起来。

2016 年 4 月 19 日，习近平总书记在网络安全和信息化工作座谈会上的讲话中提出，从社会发展史看，人类经历了农业革命、工业革命，正在经历信息革命。网民来自老百姓，老百姓上了网，民意也就上了网。群众在哪儿，我们的领导干部就要到哪儿去，不然怎么联系群众呢？各级党政机关和领导干部要学会通过网络走群众路线，经常上网看看，潜潜水、聊聊天、发发声，了解群众所思所愿，收集好想法好建议，积极回应网民关切、解疑释惑。

2022 年 3 月 1 日，习近平总书记在春季学期中央党校（国家行政学院）中青年干部培训班开班式上发表重要讲话时强调，领导干部要学网、懂网、用网，了解群众所思所愿，收集好想法好建议，积极回应网民关切。

### （一）网络铸就了新的社会形态

随着互联网、物联网、云计算和大数据等信息通信技术的快速发展，"人、机、物"三元融合早已不再是空谈。与之相对应的，普遍存在的泛在（ubiquitous）社会也在逐渐形成。2004 年，日本、韩国相继提出"U－Japan"计划和"U－Korea"计划；2008 年，美国政府采纳了国际商业机器公司（IBM）提出的"智慧地球"构想；2009 年，中国提出要将泛在网络作为国家战略，"U－北京""U－青岛"项目开始建设；2015 年，新加坡提出"智能国家"计划等。由于泛在网络将整个社会中的人、物及环境实现了即时化、动态化和连续化的连接，这为政府了解社会动向、整合社会资源、制订政策计划、科学制定决策等提供了优越基础，提高了政府的社会治理能力和效率。在此基础上，政府要进一步推动数字化建设并提高社会治理智能化水平。

### （二）网络打造了新的服务渠道

2022 年中国互联网络信息中心发布的《中国互联网发展状况统计报告》显示，截至 2021 年 12 月，我国互联网普及率达 73.0%。随着互联网普及率迅速提高，大量线上服务渠道开始出现。一个典型例子是人民网的"领导留言板"，该留言板是国家部委和地方各级党委、政府主责领导干部搭建的全国性网上群众工作平台。自 2006 年设立以来，该留言板促使各地各部门对近 280 万项民众关切事项进行回应和落实。① 公众理性问政、政府积极回应，政民之间呈现出良性互动的状态。再比如，根据国家网信办发布的《数字中国发展报告（2020 年）》，"掌上办""指尖办"等移动应用平台已成为政务服务的标配，而"一网通办""异地可办""跨省通

---

① 《"老百姓上了网，民意也就上了网"》，人民网，http：//liuyan. people. com. cn/n1/2022/0307/c58278－32368669. html。

办”等也逐渐成为跨区域服务的新趋势。由此，企业和群众获得感、信任感和满意度不断提升。综合来看，政府要善于运用手机报、客户端、官方微信、政务服务网等互联网平台，依法、及时、准确公开政务信息，主动连接人民群众，及时回应社会关切和舆论关注，保障人民群众的知情权。

### （三）网络定义了新的对话距离

2018 年 8 月，习近平总书记在全国宣传思想工作会议上指出，我们必须科学认识网络传播规律，提高用网治网水平，使互联网这个最大变量变成事业发展的最大增量。随着网络的日益普及，互联网深刻地改变了人类信息的传播方式与传播生态，打破了物理时空限制，重新定义了社会距离。但我们也应看到，互联网难以被约束和监管的特点可能使其成为发展的“最大变量”。因此，要加强互联网平台与内容的建设，上网、懂网、用网不仅成为广大民众的生活方式和沟通延伸，更是党和政府了解民意、关注民生、集纳民智的重要平台。尤其是近年来自媒体、短视频、直播平台等网络业态的兴起，互联网已经成为每个人表达自己、展示自己的舞台，人人都有“麦克风”。对于这些变化，政府要将互联网视为了解民意、沟通民意的有效路径，更好地听取群众呼声、化解社会矛盾、改进服务工作、解读相关政策，进一步联系群众、服务群众，在网络空间查知民意、发出声音。因此，在网络空间中缩短与民众的距离体现了政府站在历史新起点的责任与担当，它蕴含着密切联系群众的工作路线。

## 二、培育科学的数据观

2017 年 12 月 8 日下午，习近平总书记在中共中央政治局第二次集体学习时强调，大数据发展日新月异，大数据是信息化发展的新阶段。善于获取数据、分析数据、运用数据，是领导干部基本功。要加强学习，懂得大数据，用好大数据，增强利用数据推进各项工作的本领，不断提高对大数据发展规律的把握能力。

### （一）数据是新的生产要素，是基础性资源和战略性资源，也是重要生产力

近年来，党中央、国务院高度重视数据要素及其市场化配置改革，从战略高度提出要“加快培育发展数据要素市场”，明确了数据要素市场化改革的总体方向、实施路径及目标任务。2020 年 4 月发布的《中共中央 国务院关于构建更加完善的要素市场化配置体制机制的意见》首次明确“数据”已成为五大生产要素之一。2020 年 5 月，《中共中央 国务院关于新时代加快完善社会主义市场经济体制的意见》出台，进一步提出要加快培育发展数据要素市场。2022 年 1 月，《要素市场化配置综合改革试点总体方案》出台，强调要探索建立数据要素流通规则。2022 年 3 月，国家发展改革委针对 28 条“数据基础制度观点”公开征求意见。由以上指导意见可知，在数字政府建设过程中要着眼“聚、通、用”，推动数据高效集聚，加强数据处理加工，促进数据顺畅融通，推进数据开放共享，深度挖掘数字要素价值，充分发挥数据要素作用。从实际案例来看，建设银行以服务人民和经济社会发展为目标，充分发挥数据要素价值，使得其他要素的利用效率实现了翻倍增长。具体而言，为支撑精准扶贫国家战略，建设银行通过匹配客户与建档立卡人员身份证号码、客户工作单位信息、企业地理位置信息等，锁定身边的金融扶贫企业名单，及时将商机信息传递至就近的客户经理，主动宣传、介绍信贷政策和金融扶贫产品。与此同时，为更好地服务“三农”，建设银行还充分挖掘内外部数据资源，运用大数据分析手段洞察和识别农民客群特点，聚焦农民金融需求痛点，为农民设计专属金

融产品、提供贴心金融服务。

### （二）运用大数据提升国家治理现代化水平

党的十九届四中全会指出，国家治理现代化在现阶段的突出意义和时代价值，习近平总书记的重要论断——要建立健全大数据辅助科学决策和社会治理的机制，推进政府管理和社会治理模式创新，都为推进国家治理体系和治理能力现代化指明了一条技术赋能的路径。2022 年 4 月 19 日，习近平总书记主持召开中央全面深化改革委员会第二十五次会议，强调要全面贯彻网络强国战略，把数字技术广泛应用于政府管理服务，推动政府数字化、智能化运行，为推进国家治理体系和治理能力现代化提供有力支撑。数字化不仅是一场技术和产业的革命，更是一场治理变革。要充分运用数字化治理手段，建立健全大数据辅助科学决策和社会治理的机制，利用大数据平台形成社会治理合力，推动治理模式变革、方式重塑、能力提升，加快构建现代化治理体系。从具体措施来看，一方面要坚持系统观念、运用系统方法，通过推动数据全量化的融合、开放、共享和条块业务大跨度、大范围的协同整合，改变条块分割、各自为政的数据传递、决策执行模式，构建多跨协同工作机制，推动实现各领域管理服务的一体化、系统化、闭环化；另一方面则需要深度融合和挖掘数据在经济调节、市场监管、社会管理、公共服务、生态环境保护等政府职能的作用，打造数据底座，推动场景融通，放大整体效能，构建协同高效的政府数字化履职能力体系。然而，目前国内很多数据库的利用率不到 20%，多地公共数据出现“三低”现象，即整合度低、资源共享度低、开放度低。① 因此，政府要转变思想观念，注重数据治理，提高数据治理能力，使数据更为标准化、协同化、融合化、体系化，

---

① 《汪玉凯：智慧城市“重复建设”问题突出 很多数据库利用率不到 20%》，每经网，http://www.nbd.com.cn/articles/2021-11-18/2000580.html。

提高政府数据治理绩效，从而更好地释放政府数据治理的强大力量。

### （三）运用大数据促进保障和改善民生

党的十九大提出我国社会主要矛盾已经转化为人民日益增长的美好生活需要和不平衡不充分的发展之间的矛盾，为此应全面推动让人民满意的服务型政府的建设。2017 年 12 月 8 日，习近平总书记在中共中央政治局第二次集体学习时强调，要运用大数据促进保障和改善民生。数字政府是“人民”的政府，因此在其建设过程中要坚持以人民为中心的发展思想，推进“互联网 + 教育”“互联网 + 医疗”“互联网 + 文化”等战略，让百姓少跑腿、数据多跑路，不断提升公共服务的均等化、普惠化、便捷化水平。与此同时，数字政府建设还要把满足人民对美好生活的向往作为出发点和落脚点，打造泛在可及、智慧便捷、公平普惠的数字化服务体系，建立完善的数据参与治理机制，明晰各治理主体相互之间的权责边界，积极推动住房、医疗、卫生、环境、交通、教育等事关人民群众切身利益的民生领域实现数据融合和集成应用，最终通过数据共享、业务联动、窗口建设等措施实现跨层级、跨地域、跨系统、跨部门、跨业务之间的数据互通、协同融合。

## 三、塑造发展的技术观

### （一）技术是引发社会变革的根本动力

2016 年 4 月 19 日，在网络安全和信息化工作座谈会上，习近平总书记指出，“从社会发展史看，人类经历了农业革命、工业革命，正在经历信息革命”。科学技术的高速发展推动了社会经济生活各个方面的变革。首先是生产方式的变革，如生产关系、生产工具等便发生了变化。其次是劳动对象的变革，如农业革命时期人类便掌握了农产品的规模化种植和牲畜的聚集性养殖，生产了足够丰富的食物，人口也在这一时期实现了快速增长。再次则是生活方式的变革，包括人们的交往方式、消费方式、学习方式、休闲方式以及娱乐方式等。最后是产业结构变化，如工业革命后大机器生产代替了手工劳动，工业得以迅速发展，逐渐超过了农业的比重。

1. 农业革命

农业革命发生在新石器时代，它是指原始种植业和原始养畜业取代采集、渔猎经济的革命。世界各地区的人民在采集经济的基础上逐步熟悉了某些植物的生长规律，懂得了如何栽培作物，进而衍生出农业、畜牧业。人类从食物的采集者转变为食物的生产者，这一获得食物方式的转变，改变了人与自然的关系，使人类的经济从旧石器时代以采集、狩猎为基础的攫取性经济转变为以农业、畜牧业为基础的生产性经济。同时，农业革命促使人类生活方式从迁徙生活逐渐转为定居生活。农业革命标志着人类在生活资料的生产方面，从较多地依靠、适应自然转为利用、改造自然，利用自然资源为人类的经济服务。

2. 工业革命

工业革命是18世纪60年代由英国人瓦特改良蒸汽机之后引发的一系列技术革命。这场革命催生了手工劳动向机器生产转变的重大飞跃，资本主义生产借此完成了从工场手工业向机器大工业的过渡，最终走上了现代科技的革命道路。总体来说，工业革命是以机器取代人力，以大规模工厂化生产取代个体工场手工生产的一场生产与科技革命。恩格斯称蒸汽机是比当时的布朗基等有名的革命家更加伟大的革命家，是社会进步的强大的杠杆。而正是蒸汽机的广泛应用，推动了资本主义的高速发展。

3. 信息革命

信息革命指由于信息生产、信息处理手段的高度发展而导致的社会生产力与生产关系的变革，人们通常将其视为第四次工业革命。从纵向的历史角度来看，信息革命起源于20世纪四五十年代，到八九十年代以后出现高潮，而在当前的21世纪仍在深化推进。信息革命的重要标志是互联网的全球化普及。1993年9月，美国政府公布了名为“国家信息基础设施”(National Information Infrastructure)的行动计划，旨在以因特网为雏形，兴建信息时代的高速公路，使所有的美国人方便地共享海量的信息资源。随后，日本、欧洲国家、新加坡等纷纷加入，这种迅猛的势头也扩展到世界上的其他国家和地区。信息革命极大地提高了劳动生产率，促使劳动力结构由主要依靠体力向主要依靠知识、智能转化，而劳动密集型资本亦逐步向技术密集型资本转化。可以说，信息革命改变了产业结构和就业结构，促使经济社会转型升级。

### （二）满足社会需求是技术发展的根本动力

#### 1. 机器延伸了人类的体力

英国在18世纪中期普遍以大机器生产代替了手工劳动，开创了蒸汽时代。它是最早开始工业革命的国家，也是最早完成工业革命的国家，这绝非偶然，其具体原因如下。

首先，是海外贸易的兴起。英国资产阶级大力发展海外贸易并进行殖民统治，支持特权贸易公司在海外成立。但其国内工厂的手工劳作式生产逐渐无法满足国内外贸易的需要。其次，是劳动力的流入。从17世纪中叶到18世纪，英国议会圈地运动、租地农场兴起、土地私有权的确立等一系列事件导致自耕农失去土地，大量失地农民流入城市。最后，是生产技术和科学水平进步。在工业革命之前，英国手工工场普遍扩张，其蓬勃发展导致技术分工更加精细，产生了适合各种工作的生产工具和操作工人。这为机器生产模式奠定了物质和人员基础。

综上所述，英国国内外市场的扩大对工场手工业提出了技术改革的要求，圈地运动提供了必需的劳动力，而科学技术的发展成熟则使以技术革新为目标的工业革命率先在英国发生，这是英国社会政治经济、生产技术以及科学研究共同作用下的必然结果。工业革命使英国的社会结构和生产关系发生重大改变，生产力迅速提高。

2. 计算机和互联网延伸了人类的脑力和空间

1946 年，世界第一台通用计算机埃尼阿克（Electronic Numerical Integrator And Calculator，简称 ENIAC）在美国宾夕法尼亚大学正式投入运行。它被军方用于计算弹道表以减少计算工作量并缩短计算时间。当时美军的弹道研究实验室每天要为陆军提供六张火力表，每张火力表包含几百条弹道。而 200 名计算员大约两个月才能算完一张火力表。正是在这种战况紧急、时间急迫的情境下，计算机这一计算设备诞生了。计算机的诞生开辟了信息时代，而计算机网络则把我们带到了网络时代。

互联网最初名为“阿帕网”（ARPANET），是 20 世纪 60 年代美国军方为了使自己的计算机网络在受到袭击时，仍能使部分网络保持通信联系所研发出来的，其本质是国防部高级研究计划局（ARPA）建设的用于军事目的的通信网络。而在 1989 年，英国人蒂姆成功开发出世界上第一个 Web 服务器和第一个 Web 客户端软件“万维网”，它极大地推进了人和空间的延伸。

可以发现，计算机和互联网是在特定情况下为满足人类和社会的发展需要而被发明出来的。它拓展了人类的脑力并带来生产力的又一次跃迁。再后来，随着信息技术的不断发展，计算机和互联网也在不断进化，这种进化无疑加速了经济全球化、区域一体化的进程。分散在不同大陆的人们连接得更加紧密，即习近平总书记所说的“人类命运共同体”。

3. 新一代信息技术延伸了人类世界

伴随着物联网、人工智能等为代表的新一代信息技术的发展，科技正在从延伸人类脑力转向延伸人类感知和认知，技术的发展正不断地解放人类并放大人类的能力。

1956年夏天，美国达特茅斯学院举行了历史上第一次人工智能研讨会，这被认为是人工智能诞生的标志。会上，麦卡锡首次提出了“人工智能”这个概念，纽厄尔和西蒙则展示了他们编写的逻辑理论机器。当计算机出现后，人类开始真正有了一个可以模拟人类思维的工具，而人工智能的目的就是让计算机这台机器能够像人一样思考，即模拟人的思维的信息过程。但由于当时计算机内存有限、处理速度不足，数据库和程序的建立也难以实现，人工智能又陷入了低谷期。但随着第五代计算机的研制，人工智能取得了重大突破。1997年5月11日，IBM“深蓝”超级计算机以3.5：2.5的比分击败了国际象棋冠军卡斯帕罗夫，它也成为世界上首个在标准比赛时限内击败国际象棋世界冠军的电脑系统。经此一役，人工智能的发展迎来了真正的春天。

与人工智能相似，物联网的发展也依赖于科学技术水平的进步。1994年麻省理工学院的Auto－ID中心的创始人之一凯文·艾什顿教授率先提出“internet of things”（万物皆可通过网络互联）的概念。当时的物联网主要依赖于射频识别（radio frequence identification，RFID）技术将设备连接在一起。而到了2005年时，物联网已经不再局限于射频识别技术，它已经扩展到任何物品之间的信息互联，其覆盖范围有了更大的拓展。

总体来说，不论是人工智能还是物联网，它们的发展都依赖于一些重要领域的动态技术革新，包括计算机技术、射频识别技术、无线传感器技术、智能嵌入技术、网络通信技术、云计算技术和纳米技术等。而随着新一代信息技术的不断发展，人类文明的探索也从物理空间走向了虚拟空间，进而在数字维度上对物理世界进行解构并重新构建“镜像世界”，可以预见，人们的生活工作将在未来进一步向数字世界延伸（见图8－1）。

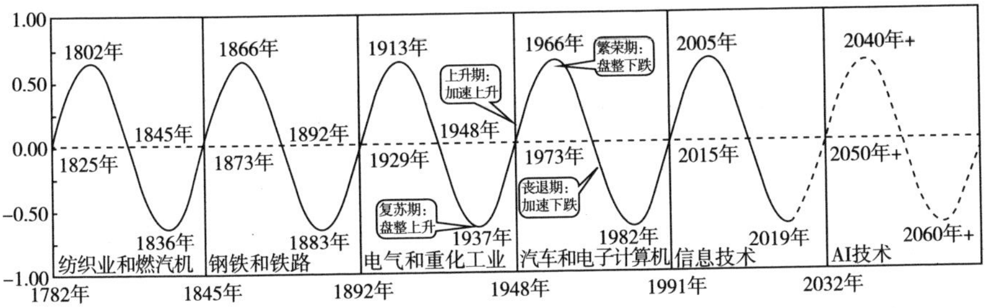


**图 8－1 康波长周期和康波曲线**

图片来源：互联网。

## （三）信息技术是把“双刃剑”

随着移动互联网时代的发展，信息技术在给人类社会带来前所未有的繁荣的同时，也有可能产生负面效应。一方面，信息技术促使人们生活方式发生转变。网上授课、网络会议、远程办公等线上工作方式提升了人们的工作学习效率。而网上购物、在线娱乐、移动支付等则提高了生活质量。生活服务在线化、政府服务平台化则实现了资源的整合共享，降低了信息获取成本。另一方面，信息技术也对人们的工作生活带来了消极影响。如垃圾短信、虚假广告、冗余信息造成的信息泛滥和信息污染，网络犯罪、电信诈骗等信息化犯罪等带来的财产损失，隐私泄漏、网络暴力等网络犯罪引致的人身安全威胁。

在对待发展带来的新技术、新应用上，政府应持有平衡、开放的心态。主动了解新技术、运用新技术，不断加强学习，把握信息技术的发展趋势，同时还要适时结合国家和人民的需要、经济社会的发展进行综合考量。此外，政府还应对前沿技术和理念保持高度敏感，在不错失发展机遇的同时保持冷静的批判的立场。只有对科学技术有了清楚的认识，政府才能更好地在经济和社会发展中做到有所为、有所不为。

## 第二节 摆脱“算法绑架”

互联网、大数据和人工智能等数字技术在增进人们生活福祉的同时也带来了诸多不容忽视的挑战，包括隐私保护、信息茧房、大数据杀熟、算法歧视与陷阱等问题。

### 一、无处不在的“算法绑架”

#### （一）何为“算法绑架”?

由《互联网信息服务算法推荐管理规定》可知，应用算法推荐技术提供互联网信息服务（简称算法推荐服务）是指利用生成合成类、个性化推送类、排序精选类、检索过滤类、调度决策类等算法技术向用户提供信息。算法推荐服务的本质是在用户和信息服务之间建立关联，其具体实现方式是利用用户以往的选择行为或与其他用户的相似性关系，挖掘出该用户潜在兴趣对象或根据相似用户的行为特征绘制“用户画像”，进而实现个性化推荐。以算法推荐服务为基础的“算法绑架”则是由于互联网信息服务平台对算法推荐技术的不合理应用而导致用户遭遇过度推送、诱导消费、大数据杀熟等困扰。

#### （二）“算法绑架”绑架了谁?

算法推荐技术目前已经广泛应用于搜索引擎、电商平台、社交网络、短视频平台、新闻资讯客户端、政府服务平台等系统平台，它通过影响人们的日常衣食住行、阅读输入、服务选择等进而影响社会生活的方方面面。从线上购物到订餐出行，相关平台对用户的职业构成、行为偏好、金融消费、出行轨迹等数据进行自动收集，随后借此分析用户的行为、喜好并由算法进一步“投其所好”“按其所需”，最终使用户只能关注自己喜欢的内容或被过度推送的信息包围并形成信息茧房。又比如某些平台以盈利为目的根据对客户消费能力、购买意愿的分析制定不同的销售价格，出现老客户购买价格比新客户更贵的杀熟现象，扰乱市场秩序。而在某些国家，执法部门使用的预测性警务工具会发生带有歧视性的预测错误。据美国司法部2020年的数据，非洲裔被警察在没有正当理由的情况下拦住的可能性是白人的5倍，被捕的可能性则是白人的两倍。[①] 由此可见，受算法训练数据的影响，其预测结果也带有种族歧视和伦理隐患。因此，不合理的算法应用会影响正常的传播秩序、市场秩序、社会伦理秩序，最终给意识形态安全、社会公平公正和网民合法权益带来挑战。

### （三）算法技术的天然缺陷

算法是基于数据和模型解决问题的策略机制。从技术的角度来看，它有着天然的缺陷。算法推荐需要输入训练数据集以推演事物的特征和发展规律，同时也需要输入参数以调整算法模型。当输入的数据包括低质量的样本不均或错误的训练数据集时，抑或是输入的参数带有某些价值偏向时，模型决策结果就会受到歧视等负面影响。此外，深度学习模型在面对对抗样本[②]时，对抗样本会欺骗模型作出错误的预测或分类，这也暴露出其本身存在的脆弱性以及易受攻击等缺陷。最后，算法模型的“黑箱”因具有高度复杂性和不确定性而使得“算法绑架”或“算法歧视”等问题具有相当程度的隐蔽性，即使是相关程序的设计者本身也不能完全理解。

---

① 唐颖侠：《算法黑箱强化偏见 数字技术加剧美国的种族歧视》，人民网，http：//usa. people. com. cn/n1/2022/0621/c241376－32451964. html。

② 对抗样本（adversarial examples）是指在数据集中通过故意添加细微的干扰所形成的输入样本，会导致模型以高置信度给出一个错误的输出。

## 二、不可忽视的“信息茧房”

### （一）何为“信息茧房”？

信息茧房这一概念最早可以追溯到1980年《泰晤士报》提出的“回音室效应”（echo chamber effect）。它指的是在一个相对封闭的环境中一些意见相近的声音不断地以夸张或其他扭曲的形式重复，最终使得其中的大多数人认为这些扭曲的故事就是事实的全部。1997年，美国麻省理工学院教授马歇尔W. 范·埃尔斯泰恩（Marshall W. Van Alstyne）和埃里克·布林约尔松（Erik Brynjolfsson）提出“网络巴尔干化”（Cyber Balkanization）现象，意指网络社群分裂为不同利益的子群，且一个子群的成员几乎总是利用互联网传播或阅读仅可吸引本子群其他成员的信息或材料，最终呈现出“群体内部同质化，群体间异质化”的特征。综合来看，单个子群相对封闭的现象可以认为是“信息茧房”概念的雏形。2006年，美国学者凯斯·R. 桑斯坦（Cass R. Sunstein）在《信息乌托邦——众人如何生产知识》一书中首次提出“信息茧房”（information cocoons）这个概念，他指出信息茧房意味着我们只听或只选择令我们感到愉悦的东西。在桑斯坦的书中，“echo chamber”与“information cocoons”一起出现并穿插使用。2011年，伊莱·帕里泽（Eli Pariser）在《过滤泡——互联网对我们的隐秘操纵》一书中提出“过滤泡”，该概念指网络针对个人喜好或平台的价值选择相关结果进行推荐，此时的算法与茧房联系在了一起。

### （二）形成与影响

#### 1. 选择性心理

桑斯坦在书中提出了一种较为流行的信息茧房成因理论——选择性心

理。也就是说，用户只阅读自己感兴趣的信息，这一带有偏向性的选择性接触机制会造成用户个人的阅读输入像茧房一般，信息视野变得狭窄，观点、立场逐渐固化。与此同时，随着微信、Twitter 等社交软件平台的兴起，其所产生的“朋友圈”“社交圈”也将个人的信息获取范围限制在自己“喜欢”或“认同”的圈层，进而造成信息窄化、群体极化等现象。中国政法大学的郑满宁等学者认为像微信这样的社交网络中的信息茧房更能决定民众的信息结构、信息质量和价值立场。从这一意义上说，社群已经成为民众获取外部资讯的第一媒介，其所塑造的“回音室效应”增强了虚拟群体的集体记忆和身份认同。[①]

2. 功过之争

算法推荐兴起后，学界对算法推荐与信息茧房之间的关系持有两种截然相反的观点。一部分学者认为算法的个性化推荐机制增强了信息茧房的现象，用户固有偏见被强化，而用户对更广泛信息的求知欲则被减弱。小视频成瘾、娱乐至死等现象就是信息茧房下的恶果。从商业运营上看，吸引用户注意力、占据用户更多的时间能够大大增加平台获益的机会。由此，相关平台采用基于满足用户偏好的算法推荐以强化信息茧房的形成也不足为奇。然而，另一部分学者则通过实证分析证明算法推荐事实上是削弱了信息茧房的影响，其基本结论是算法推送的多元化增加了民众的信息选择权。西方学者在研究选择性接触行为时发现，受众对与自己意见相左的信息的回避程度低于与自己意见一致的信息的倾向程度。该研究表明，在西方国家约有 26% 的自由党人士会在日常生活中依赖至少一个保守党派媒体获取信息，而 43% 的保守党派共和党人士也会依赖民主党派媒体获取信息。[②] 清华大

---

① 郑满宁、李彪：《舆情治理视域下社交网络中的信息茧房现象与破茧之道》，《西南民族大学学报》（人文社科版）2022 年第 4 期。

② 迟聪慧：《西方“信息茧房”相关研究综述及思考》，《青年记者》2021 年第 3 期。

学新闻与传播学院副院长陈昌凤则进一步指出智能算法缓解信息茧房的可能性，即智能算法实际上具有增加内容多样性和缩小内容范围的双重潜力，相关算法可以将被过滤掉的信息提示给用户进而使用户意识到还有更丰富的信息来源可供选择。

## 三、走向“代码之治”

### （一）强化算法应用监管

以《民法典》《网络安全法》《个人信息保护法（草案）》中保障公民个人信息的条款为依据，国家互联网信息办公室等部门围绕算法推荐的突出问题发布了《互联网信息服务算法推荐管理规定》，明确了算法推荐服务提供者应保护用户权益的义务。具体而言有以下几个方面：一是保障用户的算法知情权，告知用户其提供算法推荐服务的情况，公示算法推荐服务的基本原理、目的意图和主要运行机制，进而通过算法透明引导平台企业自律、培育用户理性、建构问责机制。二是保障用户的算法选择权，要求相关平台向用户提供不针对其个人特征的服务选项以及便捷地关闭算法推荐服务的设置选项。若用户选择关闭算法推荐服务，相关方应当立即停止提供算法推荐服务，并提供已经删除个人特征的数据信息。根据《经济日报》的消息，截至2022年3月15日，抖音、今日头条、微信、淘宝、百度、大众点评、微博、小红书等App均已上线算法关闭键，允许用户在后台一键关闭“个性化推荐”，用户权益得到进一步保障。三是针对未成年人、老年人、劳动者、消费者等不同主体提供不同保障。该规定指出，相关平台在不得利用算法推荐服务诱导未成年人沉迷网络的同时，应当便利老年人安全使用算法推荐服务。对于劳动者，平台方则应当完善平台的订单分配、报酬构成及支付、工作时间、奖惩等相关算法。对于消费者，平台方不得根据消费者的偏好、交易习惯等特征利用算法在交易价格等交易条件上实施不合理的差别待遇。①

### （二）完善科技伦理治理

1. 制定科技伦理规范

科技伦理是科学研究、技术开发等活动中需要遵循的价值理念和行为规范。2022 年中办、国办发布的《关于加强科技伦理治理的意见》对算法研发活动提供了必要的伦理原则、价值底线和行为规范。具体而言，该意见明确了“增进人类福祉、尊重生命权利、公平公正、合理控制风险、保持公开透明”五项科技伦理原则，借鉴了国际科技伦理相关规则和共识，反映了各科技领域伦理的共性要求，具有普遍适用性。从全球范围看，科技伦理治理也是一项富有挑战性的工作，科技活动中的价值判断在不同地域、不同行业差别较大。近年来，我国积极参与国际科技伦理规范的制定，积极参与联合国教科文组织的《人工智能伦理问题建议书》等文件的起草工作，以期能够与国际社会共同协商科技伦理并达成共识。

2. 融入 AI 全生命周期

技术伦理的规范涉及算法研发到算法应用的全过程。2018 年 10 月 31 日，习近平总书记在中共中央政治局第九次集体学习时强调，要加强人工智能相关法律、伦理、社会问题研究，建立健全保障人工智能健康发展的法律法规、制度体系、伦理道德。2021 年 9 月 26 日，国家新一代人工智能治理专业委员会发布了《新一代人工智能伦理规范》，明确了将伦理道德融入人工智能的全生命周期，进而促进社会发展的公平、公正、和谐、安全，并为从事人工智能相关活动的自然人、法人和其他相关机构等提供伦理指引。为提高科技企业或平台服务提供者的伦理意识与行为自觉，相关方可

---

① 《解读〈互联网信息服务算法推荐管理规定〉》，中华人民共和国中央人民政府网，http：//www.gov.cn/zhengce/2022－01/04/content_ 5666428.htm。

将公平公正、隐私保护、责任担当等内容融入人工智能的技术产品中，通过产品和服务传递价值理念，凝聚推动伦理道德发展的社会共识。

（三）优化算法导向机制

算法推荐除了要有工具理性还要具有价值理性。走出信息茧房不仅要关注算法规制的问题，同时更要关注算法推荐对公众认知和意识形态的支配作用以及民众对信息获取边界被控制的焦虑。习近平总书记强调，要使核心价值观的影响像空气一样无所不在、无时不有。促使算法透明和提供算法开关只是保障用户权益的第一步，更重要的是要树立正确的价值导向，引导相关方正确理解和使用算法推荐技术，优化算法推荐服务机制，用向上向善的价值纾解“算法焦虑”。在实际应用中，百度与《人民日报》联合研究的“党媒算法”则是用算法推行党媒主流价值观，打造矩阵式新媒体生态。此外，相关平台还需加强平台内容建设、推进内容供给侧结构性改革，创造更丰富的信息内容和文化产品，提高信息密度、思想深度，以社会主义核心价值观为引领，以优质内容为载体，以算法推荐为手段，营造健康、活跃的精神家园。

## 第三节　消弭“数字鸿沟”

### 一、由来已久的“数字鸿沟”

（一）“数字鸿沟”概念演化

数字鸿沟也被称为信息鸿沟。1999 年美国国家远程通信和信息管理局（NTIA）在《在网络中落伍：定义数字鸿沟》报告中指出数字鸿沟是“信息富有者和信息贫困者之间的鸿沟”，其主要含义是不同的社会群体在个人计算机占有率上的差异。[①] 2013 年，国家信息中心发布的《中国数字鸿沟研究》将“数字鸿沟”定义为“不同社会群体之间在拥有和使用现代信息技术方面存在的差距”。2020 年，北京大学胡泳提出“新的数字鸿沟体现在对技术获取的限制上，关乎的是使用质量，而不是访问”[②] 这一观点。随着互联网和智能移动终端的普及，数字鸿沟已不仅仅是网络接入、网络技术使用等基础设施或技能的使用鸿沟，更是对数据或信息的运用能力的差异。

### （二）“数字鸿沟”的形成与影响

1. 数字基础设施可达性差异

一直以来，我国欠发达地区的信息基础设施、数字技术以及信息终端的普及程度远低于全国平均水平。以城镇和农村地区互联网普及率变化为例，截至 2021 年 12 月，我国城镇地区互联网普及率为 81.3%，农村地区互联网普及率为 57.6%（见图 8－2）。[③] 从数据上看，尽管农村地区的互联网普及率增速较快，但仍远远落后于城镇地区。这使得很多欠发达地区的公众被排除在数字化公共服务覆盖范围之外，地区间的发展差距被进一步拉大。

2. 区域间信息供给差异

在区域之间，受经济发展的影响，城乡之间、东西部之间信息供给差异较大。以城乡之间信息服务供给现状为例，受农业投资收益回报低和农村地区用户的支付意愿低的影响，涉农信息服务的市场回报激励较为不足，

---

① 金兼斌：《数字鸿沟的概念辨析》，《新闻与传播研究》2003 年第 1 期。

② 胡泳：《你想象不到的新数字鸿沟》，《新闻战线》2020 年第 19 期。

③ 中国互联网络信息中心（CNNIC）：《中国互联网络发展状况统计报告》，中国互联网络信息中心网站，http：//www.cnnic.cn/hlwfzyj/hlwxzbg/hlwtjbg/202202/t20220225_71727.htm。

进而使得农村地区信息服务资源的供给亦有欠缺。由此，农村居民获取在线医疗、在线教育和技能培训等资源的机会远远少于城镇居民，区域公共服务的不均等就此发生。

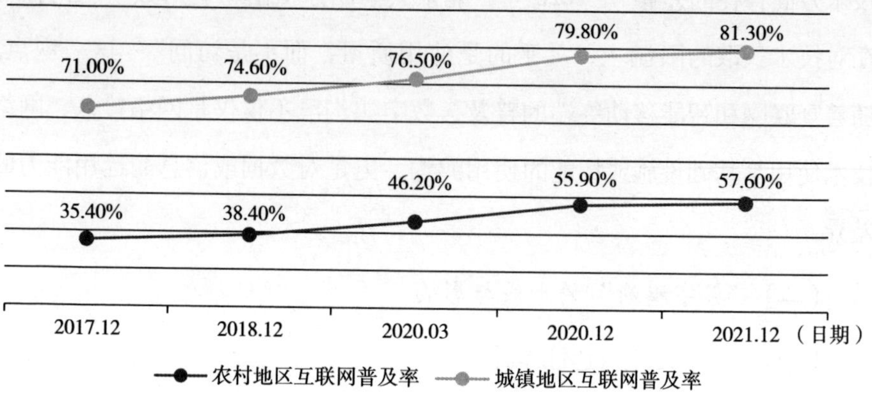


**图 8-2　城乡地区互联网普及率**

3. 信息接收者的文化差异

信息接收者在数字技能和文化程度上的差异也是造成信息鸿沟的关键因素。从 2021 年中国社会科学院信息化研究中心调研我国城乡居民数字素养现状的结果来看，城乡居民数字素养差距达 37.5%。[①] 另据中国互联网络信息中心对非网民不上网的原因进行的统计调查，我国非网民人数为 3.82 亿。从地区来看，我国非网民仍以农村地区为主，农村地区非网民占比为 54.9%。从原因来看，使用技能缺乏、文化程度受限、设备不足和年龄不适是非网民不上网的主要原因。因为不懂电脑或网络而不上网的非网民占比为 48.4%；因为不懂拼音等文化程度限制而不上网的非网民占比为 25.7%；因为没有电脑等上网设备而不上网的非网民占比为 17.5%；

---

① 中国社会科学院信息化研究中心：《乡村振兴战略背景下中国乡村数字素养调查分析报告》，中国社会科学院官网，http://iqte.cssn.cn/yjjg/fstyjzx/xxhyjzx/xsdt/202103/P020210311318247184884.pdf。

因为年龄太大或太小而不上网的非网民占比为15.5%（见图8-3）。① 可见，信息使用技能欠缺和文化程度受限的非网民总数占比达74.1%，它们是阻碍农村地区人口享受数字红利，拉大城乡之间的数字鸿沟的主要原因。

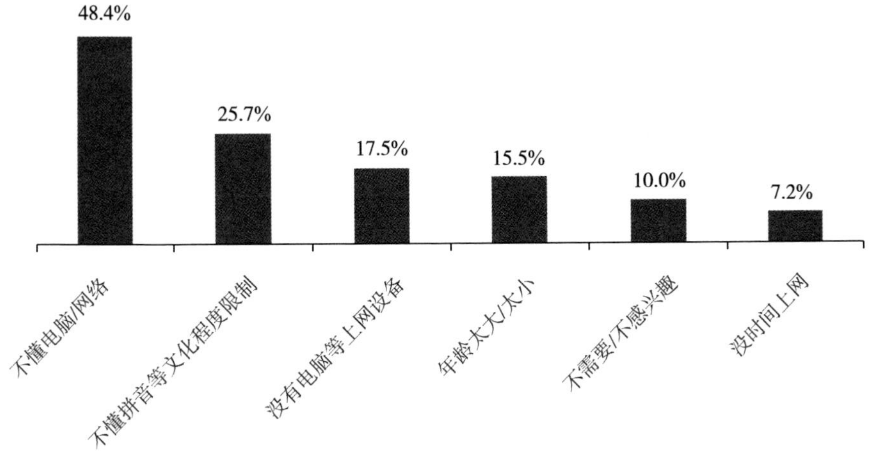


**图8-3　非网民不上网原因**

4. 老年人的智能技术障碍

随着老龄化社会的到来，老年人的数字鸿沟问题也不容忽视。根据中国互联网络信息中心的数据，从年龄分布来看，60岁及以上老年群体是非网民的主要群体。截至2021年12月，我国60岁及以上的非网民群体占非网民总体比例为39.4%，约1.5亿。新冠肺炎疫情期间，安徽某老人因不会使用智能手机出示健康码而无法乘车，最后被迫步行900多公里回家。该事件在令人心酸的同时亦警醒着我们应关注老年人的数字鸿沟问题。在新冠肺炎疫情的常态化管理中，健康码使用、网上买菜、就医预约、交通

① 中国互联网络信息中心（CNNIC）：《中国互联网络发展状况统计报告》，中国互联网络信息中心网站，http://www.cnnic.cn/hlwfzyj/hlwxzbg/hlwtjbg/202202/t20220225_71727.htm。

出行等在线服务将影响更多老年人的正常生活。2035年，我国60岁以上老年人预计将突破4亿，占总人口的1/4。如何让老年人跨越数字技术鸿沟，是数字政府建设所必须要跨越的鸿沟。

## 二、数字社会谁都不能少

《2020联合国电子政务调查报告》的数据显示，我国在线政务服务指数上升至0.9059，排名全球第9位。然而，我国公民在数字素养与技能方面与世界领先国家还存在一定差距，全民数字意识不强、弱势群体数字技能欠缺等短板依然存在，不同社会群体在获取、处理和应用数字资源方面的能力亦差距较大。2022年6月23日发布的《国务院关于加强数字政府建设的指导意见》提出要推动数字普惠，加大对欠发达地区数字政府建设的支持力度，加强对农村地区资金、技术、人才等方面的支持，扩大数字基础设施覆盖范围，优化数字公共产品供给，加快消除区域间数字鸿沟。从本质上看，消除数字鸿沟的关键在于让每一位社会成员都能享受数字技术带来的便捷，让每个人都有参与教育、融入数字生活的机会。其具体措施主要有以下三个方面。

### （一）营造全民终身学习生态

习近平总书记曾指出：“终身学习体系一定要建设好，构建方式更灵活、资源更丰富、学习更便捷的体系。”营造全民终身学习生态，需要着力推动城乡义务教育一体化发展，推进新型教育基础设施建设，构建高质量教育支撑体系，优化数字教育资源供给，发展网络远程教育，推动教育资源开放共享。

营造全民终身学习生态还要将数字素养和技能纳入教育体系之中，同时“因材施教”地针对不同地域、不同年龄、不同学历的人群打造线上线下融合的教育场景。推动高等教育进一步开放，完善社会化教育体系，创新打造“线上课堂”“移动课堂”“云课堂”等学习模式，为全民提供可以终身学习的环境。具体实践中，学堂在线、中国大学 MOOC 两个 App 将大学的优质课程资源公开便很好地满足了社会公众提升自我的需求。

### （二）改善特殊群体数字环境

1. 偏远地区的“数字直通车”

针对偏远地区和农村地区的数字环境改造，加强数字基础设施建设、促进数字公共服务普适普惠、加强群众利用数字技术和设备的技能并提升其利用信息提高收入的能力。除此之外，还要引导企业、公益组织主动参与农民的数字技能培训，充分利用手机移动终端、村镇的信息化资源平台以及其他社会组织的服务渠道推动数字服务和培训向农村地区延伸，减少数字基础设施对数字服务可达性的限制，开设“数字直通车”。以建设银行为例，它通过搭建“裕农通”综合金融服务平台打通了农村金融服务的“最后一公里”，同时还将建行大学网络平台上的三农信息、农业科教及技能培训资源直达农村居民，提升了农村居民对数字素养的认知、意愿和能力。

2. 老年人的“数字跳板”

若要提升老年人的数字素养，首先，应聚焦消解老年人对数字设备的使用困难。要依托老年大学、社区科普大学、养老服务机构等组织普及智能技术的相关知识和技能，提升老年人的信息获取、识别和使用能力，助其有效预防和应对网络谣言、电信诈骗。其次，持续推进对与老年人生活密切相关的网站、手机 App 的适老化改造，鼓励企业在智能设备上提供“老年模式”“长辈模式”等功能以便老年人更快捷地获取信息和服务。2020 年 11 月，国务院办公厅印发《关于切实解决老年人运用智能技术困难的实施方案》，聚焦老年人日常生活涉及的出行、就医、消费、文娱、办事等7类高频事项和服务场景，提出了20条具体举措要求。最后，扩大老年人智能终端产品的供给，积极扶持老年人健康辅助器具的研制，借助政策引导和全社会的共同努力切实解决老年人在运用智能技术方面遇到的困难，最终让广大老年人更好地融入智慧社会。

3. 信息无障碍共识

所谓“信息无障碍”，就是通过信息化手段弥补身体机能差异，使得任何人都能平等、方便、快捷地获取、交互和使用信息，共享信息化发展成果。2020年9月，工业和信息化部联合中国残联发布了《关于推进信息无障碍的指导意见》，着重消除残疾人等信息障碍群体在信息消费、终端设备、服务应用等三个方面的障碍。2020年12月24日，工业和信息化部印发《互联网应用适老化及无障碍改造专项行动方案》，在专项行动首批优先推动的网站中，政府单位网站占到1/3。2021年8月24日，国务院办公厅政府信息与政务公开办公室发布《消除“数字鸿沟”，推进政府网站、政务新媒体适老化与无障碍改造》的通知，将适老化和无障碍作为政务集约化平台建设的基本准则，并对政务互联网应用适老化和无障碍改造的实施标准提出要求。2020年，各地已经有3.2万个政府网站作了信息无障碍的改造。[①]可见，多部委共同推动的数字环境无障碍改造在补齐信息普惠短板、弥合数字鸿沟方面已取得较好成效。

## （三）鼓励公众参与政府决策

鼓励公众积极参与政府决策也是缩小政府与民众之间的数字鸿沟的重要举措。数字政府建设目前已将“好差评”制度引入政务服务当中，该制度将

① 《工业和信息化部：缩小“数字鸿沟”助力老年人群体融入信息化社会》，国务院新闻办公室网站，https：//www. miit. gov. cn/gzcy/zbft/art/2020/art_ c17d924a1a3549a0b136afeb1377f9c6. html。

政务服务绩效交由办事企业和群众评判，畅通了公众的外部监督和服务体验通道，改进了服务的内生动力，让人民群众获得更多的参与感和话语权。

此外，部分省市已经开始探索让公众参与重大行政决策的制度。2020 年 8 月，北京发布《北京市深化政务公开扩大公众参与工作办法》，明确提出在政策措施决策的前、中、后都应纳入公众参与的要求。政策拟订前要开展公众政策需求征集，政策审议过程中要邀请公众代表列席，政策实施后要促使公众参与评价、监督等，最终让公众切身参与行政决策的全过程。另外，2022 年 3 月，广州市发布的《广州市重大行政决策程序规定（草案征求意见稿）》明确了对公众意见的研究处理方式以及公示要求，同时还强调对不予采纳的意见和建议应当说明理由。

最后，数字政府建设还应发展全过程人民民主。2021 年 7 月 1 日，习近平总书记在庆祝中国共产党成立 100 周年大会上的重要讲话中提出，要“践行以人民为中心的发展思想，发展全过程人民民主”。发展全过程人民民主有助于推进人权法治保障，维护社会公平正义，使人民享有更加广泛、更加充分、更加全面的民主权利，对于持续激发人民群众的积极性、主动性、创造性具有深远的意义。我国党政机关应主动探索民主选举、民主协商、民主决策、民主管理、民主监督等民主形式在数字政府建设过程中的应用。

## 第四节　元宇宙的“红与黑”

### 一、元宇宙的前世今生

#### （一）首次提出

美国作家尼尔·斯蒂芬森在其 1992 年出版的科幻小说《雪崩》中首次

提出了元宇宙（Metaverse）概念：人类通过穿戴外接设备，以虚拟分身的方式接入由计算机模拟、与真实物理世界平行存在的虚拟空间。①

2021年被称为元宇宙元年。2021年3月，罗布乐思（Roblox）作为元宇宙第一股正式在纽约证券交易所上市；5月，微软首席执行官萨蒂亚·纳德拉表示公司正在努力打造一个“企业元宇宙”；10月，美国社交媒体巨头Facebook宣布更名为“元”（Meta），该名字来源于“元宇宙”（Metaverse）……截至目前，国内外已有特斯拉、字节跳动、联想、苹果、微软、腾讯、小米、Soul、歌尔股份、亚马逊、华为、网易、Meta、谷歌、天下秀、新华社、中文在线、百度、阿里巴巴、Roblox、Pico、汤姆猫、完美世界等多家企业参与元宇宙建设。其中，Meta在硬件、软件、生态、投资等多方面进行了布局，如发布Oculus系列硬件产品，上线Horizon World社交平台、Horizon Workroom工作平台和Horizon Home居家平台，开发Libra加密货币等。而微软则通过收购暴雪以在游戏行业布局，同时对MR智能眼镜HoloLens进行迭代并升级线上会议MR功能。至于谷歌方面，它通过AR眼镜、3D全息视频、Starline项目等项目在软硬件方面全面着手发展。

### （二）概念内涵

按照元宇宙英文字面解释，“meta”即“元”，是“超越”“超级”的意思；“universe”即“宇宙”，是“世界”“空间”的意思。这一解读意味着元宇宙是超越现实世界的、更高维度的新型世界。② 然而，目前元宇宙概念仍存在较大争议，尚未形成共识。无论是产业界还是学术界，都对元宇

---

① 喻国明、耿晓梦：《“元宇宙”：媒介化社会的未来生态图景》，《新疆师范大学学报》（哲学社会科学版）2022年第3期。

② 张夏恒、李想：《国外元宇宙领域研究现状、热点及启示》，《产业经济评论》2022年第2期。

宙的概念尚无定论，因而元宇宙所涵盖的产品也不一而论。但若从总体来看，元宇宙无疑是基于信息技术、互联网技术与数字技术所构建的虚拟现实世界交互的一种互联网场域。这就意味着，元宇宙概念及其衍生品将随着技术发展和人们需求变化而不断演变，最终与不同场景相结合并成为全新的数字场域。

### （三）本质属性

元宇宙作为现实世界的镜像，具有三大本质属性。一是认知属性，通过物联网、XR 等信息技术手段实现感知和认知上的时空拓展。二是链接属性，通过 VR、XR 等设备和 AI、物联网等数字技术实现“人机合一”。三是价值属性，基于区块链、Web 3.0、数字藏品/NFT 等技术开发虚拟世界的经济价值。

## 二、元宇宙的“在场”

### （一）公共服务

2021 年 11 月，韩国首尔发布了《元宇宙首尔基本计划（2022—2026)》(Basic Plan for Metaverse Seoul 2022—2026)，在全球率先开启了元宇宙公共服务。该计划分为起步（2022 年)、扩张（2023—2024 年）和完成（2025—2026 年）三个阶段，计划投入 39 亿韩元打造元宇宙平台并在经济、文化、旅游、教育和民事投诉等政府业务领域建立元宇宙行政服务生态系统。可以说，这个计划基本涵盖了经济、教育、旅游、通信、城市、行政和基础设施 7 个领域。此外，该计划还指出韩国将在 2023 年成立虚拟公共服务中心“元宇宙 120 中心”（Metaverse 120 Center)，虚拟形象的公职人员将克服时间、空间和语言限制为人们提供公共服务。该计划还声称元宇宙平台将创建虚拟旅游特区，或在虚拟空间中复原被摧毁的历史遗迹。

对于首尔而言，它作为韩国首都，其相关行动无疑具有示范效应。据此，首尔计划将在元宇宙平台中率先建立首尔金融科技实验室以构建培育金融科技产业的线上线下集群。同时，首尔还拟创建首尔开放城市大学的虚拟校园，力求为学习者提供沉浸式的学习氛围。

### （二）文化旅游

教育方面，元宇宙通过虚拟现实提供沉浸式的教学互动环境，打破传统教育的时空边界并推动现有教育模式进行升级转型。在这一意义上，元宇宙式教学能够促进教育资源的公平化，提升教育效果，最终有助于实现减负增效、均衡优质的教育改革目标。此外，元宇宙式教育还将引发教育理念的转变，让学校成为教育资源的“运营方”并使得终身学习、跨学科学习、循环学习以及人机互相学习成为可能，切实服务于每个社会公民。

文博和非物质文化遗产方面，元宇宙可以用于对文化遗址进行“虚拟重建”和“虚拟修复”，乃至实现物理性保护或进行数字化建模展览。从使用效果来看，元宇宙能够通过现实增强等技术为非遗传承带来更加真实的互动体验感，进而实现相关展品的多样化呈现。从文物收藏来看，元宇宙能够为社会公众提供数字化建模服务，大家都能打造和发行属于自己的非遗数字藏品，线上线下相结合的收藏、鉴赏、体验将成为“元宇宙”的新玩法。

旅游方面，人工智能、虚拟现实等技术的应用让文旅产品交易、供求信息对接、内容分享更加快速高效，提升了游客在购买前及旅游中的交互性、沉浸感和趣味性。如 Matterport 公司就通过 VR 技术使用户体验到埃及的五大遗迹，而迪士尼也推出了一款反向增强现实的 Play Disney Parks 游戏。

### （三）医疗健康

医疗健康方面，我们能够通过元宇宙结合医疗机器人、智能感知、人工智能等技术，研发出将类人机械臂与虚拟现实技术相结合的微创手术机器系统。同时，元宇宙也有助于实施远程会诊、远程手术等医疗保障，缩短外科医生与患者的距离，充分发挥优质医疗资源的作用。再者，元宇宙还能通过沉浸式体验让患者在家中便可进行康复训练，同时毫不费力地获取医疗历史、体质监测、运动监测等数据信息并对患者的身体健康进行实时诊断。

### （四）生活娱乐

游戏娱乐方面，2021 年，Meta 推出了 Horizon Worlds 这个虚拟现实的游戏世界。通过购买 Meta 的 Oculus 虚拟现实头盔，用户便能够进入游戏世界并创造一个虚拟形象。在虚拟世界中，可以进行游戏，也可以与其他用户的虚拟形象进行互动、社交，甚至通过传感设备实现虚拟形象与物理身体的感官互动。

电子商务方面，元宇宙为消费者提供了新的购买渠道并打造了三维沉浸式虚拟体验空间。这一应用能够促进买卖双方之间的互动和信任，解决新冠肺炎疫情之下买卖双方互动受限、消费者对产品的了解与体验不足等问题，进而提供身临其境的消费体验。

## 三、热潮中的冷思考

### （一）元宇宙对政府的挑战

元宇宙与政府的深度融合，可以跨越现阶段线上线下服务的时空制约、语言障碍，进而使群众具有更好的体验感和获得感，同时也可以极大提升公务员的工作效率和沟通成效。但不可否认的是，元宇宙的出现也对政府治理提出了新的挑战。

一是现行治理体系能否适应去中心化的元宇宙空间。元宇宙基于沉浸式数字化网络产生了新的生产方式并形成了“物理空间社会”和“虚拟数字空间社会”共同链接的“二元空间”，使社会原本的运行形态与资源配置方式发生改变。[①] 且元宇宙的核心是利用区块链技术构建去中心化自治组织（decentralized autonomous organization）[②]，现行治理模式能否适应元宇宙空间去中心化的组织逻辑是对治理体系能否进行适应性变革的考验[③]。

二是现行法律法规能否适用于元宇宙空间。元宇宙空间是现实世界的镜像，是现实世界的“平行世界”。人类在进入元宇宙空间后，其行为或空间自治能力是否具备法律效力、是否受到法律制约等问题亟须进一步明晰。而元宇宙空间中虚拟实体的法律人格界定更是如此，“虚拟主体”是民事主体在网络环境下的身份，虚拟的实体能否具有法律人格，这将是元宇宙发展面临的基础性问题。

三是元宇宙空间的数据权益应如何界定。元宇宙具有创造、娱乐、展示、社交以及交易五种核心生产力要素。数字资产、数字市场与数字货币的建立将构建起虚拟空间下的复杂经济活动。[④] 因此，数据权益是元宇宙空间的最关键要素。但当虚拟空间中的匿名数据在被私自挖掘、使用甚至贩卖时，现行法律框架应如何调整，数据的所有权、使用权、收益权应如何进行体系化的规定，随之产生的算法歧视、信息泄漏等问题应如何明确责任主体，这些问题仍有待解决。

四是元宇宙空间的现实外溢如何监管。元宇宙空间既是物理现实世界

① Damar M.，“Metaverse Shape of Your Life for Future：A bibliometric snapshot”，*arXiveprints*（2021）.

② 陈永伟、程华：《元宇宙的经济学：与现实经济的比较》，《财经问题研究》2022 年第 1 期。

③ 袁曾：《元宇宙空间铸币权论》，《东方法学》2022 年第 2 期。

④ Eli Tan，“A Crypto Guide to the MetaVerse”，https：//www. coindesk. com/tech/2021/08/03/a – crypto – guide – to – the – metaverse/.

的镜像，又能将人类的现实活动以虚拟存在的方式反馈到虚拟空间中。元宇宙空间中的可流通资产可以通过数字化而具有现实世界的价格，这将衍生出一整套从未出现过的但又与现实世界存在强联系的经济体系。在此情况下，数据平台企业进入虚拟空间后，其自身的技术优势将对政府的传统服务和监管造成极大的挑战。若监管体系与监管能力无法适应这类新技术风险，则元宇宙空间中的经济活动很可能影响到实体经济，甚至引发全球性金融危机。①

### （二）思考与总结

“元宇宙”是2021年国际热词，从元宇宙概念的提出到社会各界的激烈争论，可谓仁者见仁，智者见智。尽管各行各业对元宇宙充满了无限期待和美好憧憬，但我们仍需要以开放、审慎的态度对待元宇宙。一方面，目前元宇宙的应用主要是以互联网行业为依托，相关产业仍处于“社交+游戏场景”的奠基阶段，技术生态和内容生态都尚未成熟，场景入口也有待拓宽，距离全产业覆盖、生态开放、经济自洽、虚实互通的理想状态仍十分遥远；另一方面，元宇宙作为数字技术的重要创新方向，它将融合应用多种前沿技术并加速创造大量的新概念和场景。可以预见的是，它将成为一种数字化的新空间，我们要站在历史演变的角度密切关注元宇宙的发展。

① 袁曾：《元宇宙空间铸币权论》，《东方法学》2022年第2期。

# 后 记

数字时代的帷幕已经拉开，新的宏伟蓝图正徐徐展开。2022 年 4 月 19 日，中央全面深化改革委员会第二十五次会议审议通过了《关于加强数字政府建设的指导意见》，标志着全国数字政府改革建设驶入快车道。数字政府，一头连着党和政府，一头连着企业和群众。作为数字时代政府新形态，数字政府是连接和贯通数字经济、数字社会的“核心结合部”，也是网络强国、数字中国的原动力。从党的十九届四中全会“推进数字政府建设”，到党的十九届五中全会“加强数字政府建设”，再到刚刚印发的《国务院关于加强数字政府建设的指导意见》，数字政府的社会关注度不断升温。可以预见，数字政府承载着推动政府治理能力和治理体系现代化的历史使命，必将对国家治理现代化产生深远影响。从这个意义上看，数字政府建设是一项大改革。

《走进数字政府》是“塑造数字中国”丛书的重要组成部分，也是集体智慧的结晶。全国人大常委会委员、全国人大社会建设委员会副主任委员江小涓同志亲自担任丛书主编，指导确定丛书的编写定位、原则、体例，并撰写了丛书总序。中央党校（国家行政学院）社会和生态文明教研部主任王满传同志担任丛书执行主编，多次召集编写人员研究丛书的提纲和写作重点，并审阅书稿，花费了大量心血。程主、蒋敏娟、李志刚、邓攀、贾晖、张志清、孔守斌、牟冰清、袁昭晅、王环宇、赵胜男、周微茹、李晓倩、贾映辉、潘云龙为本书撰写作出了很多努力，贡献了大量智慧和力量。本书得到了中央办公厅信息中心、中央网信办网信发展教育中心、中国行政管理学会、北京市政务服务和数据管理局、浙江省大数据发展管理局、山东省大数据局、广东省政务服务数据管理局、贵州省大数据发展管理局、国家市场监督管理总局竞争政策与大数据中心、民政部信息中心、中国建设银行机构业务部等单位的大力支持，特别感谢国家行政学院出版社王莹主任对丛书选题策划以及本书框架构想提出了很多专业性的意见建议。在此，谨向所有对本书出版给予帮助支持的单位和同志表示衷心的感谢。

数字政府是一项崭新的、极具挑战性的时代命题，很多内容仍在不断探索之中。尽管有不少名师大家指点迷津，尽管有那么多宏论巨著可资佐学，书中依然难免有疏漏和错误之处。书中若有引文遗漏存冒犯之处，恳请相关之士见谅海涵。路漫漫其修远兮，我们期待，广大读者和专家学者能不吝指教，帮助我们修正谬误，弥补缺失，待再版时能以崭新的面貌呈现在读者面前。

是为记。

翟　云

2024 年 9 月于大有庄 100 号院